U0522486

大夏书系 | 语文之道

基于学习任务群的单元整体作业
创意设计

小学语文

李怀源 —— 主编

华东师范大学出版社

编　委

主　编　李怀源

副主编　陈　丽　张立娟　柏春庆　荀文娟

参　编（排名不分先后）

孙宏慧　陈　丽　张　瑾　郝　娜　王　薇

刘玉娟　张　琦　王　娜　许　良　张　威

张海莹　王　静　石小磊　张立娟　王在英

张　欣　高学雷　何艳萍　齐丽萍　董　葳

程　润　孟　强　蒋建环　孔　磊　柏春庆

目 录

前言 / 001

第一章 一年级单元整体作业创意设计

第一节 制作"识字图册"
——一年级上册识字单元整体作业创意设计 / 003

第二节 玩转拼音转盘
——一年级上册拼音单元整体作业创意设计 / 012

第三节 续编"反转故事"
——一年级下册阅读单元整体作业创意设计 / 019

第四节 口诵心惟趣识字
——一年级下册识字单元整体作业创意设计 / 033

第二章 二年级单元整体作业创意设计

第一节 制作"小词典"
——二年级上册识字单元整体作业创意设计 / 045

第二节 制作旅行手账
——二年级上册阅读单元整体作业创意设计 / 055

第三节 讲述神奇的汉字故事
——二年级下册识字单元整体作业创意设计 / 068

第四节 写想象故事
——二年级下册阅读单元整体作业创意设计 / 080

第三章 三年级单元整体作业创意设计

第一节 乐享续编之趣
——三年级上册阅读策略单元整体作业创意设计 / 095

第二节 妙笔写缤纷世界
——三年级上册习作单元整体作业创意设计 / 107

第三节 分享"我最喜欢的寓言故事"
——三年级下册第二单元整体作业创意设计 / 120

第四节 争做"传统节日推介官"
——三年级下册第三单元整体作业创意设计 / 130

第四章 四年级单元整体作业创意设计

第一节 评选"提问大王"
——四年级上册阅读策略提问单元整体作业创意设计 / 143

第二节 描绘生活万花筒
——四年级上册习作单元整体作业创意设计 / 151

第三节 举办诗歌朗诵会
——四年级下册现代诗歌单元整体作业创意设计 / 159

第四节 "老故事,新风采"大舞台
——四年级下册第八单元整体作业创意设计 / 168

第五章 五年级单元整体作业创意设计

第一节　争做"高效阅读小达人"
——五年级上册阅读策略单元整体作业创意设计 / 185

第二节　"说明白了"为成功
——五年级上册习作单元整体作业创意设计 / 194

第三节　读古典名著，品百味人生
——五年级下册古典名著单元整体作业创意设计 / 207

第四节　我心中的最美汉字
——五年级下册"遨游汉字王国"单元整体作业创意设计 / 217

第六章 六年级单元整体作业创意设计

第一节　有目的地阅读
——六年级上册阅读策略单元整体作业创意设计 / 229

第二节　晒晒我的多彩生活
——六年级上册习作单元整体作业创意设计 / 235

第三节　抒写真情实感
——六年级下册习作单元整体作业创意设计 / 244

第四节　制作成长纪念册
——六年级下册综合性学习单元整体作业创意设计 / 256

后　记 / 273

前 言

"双减"政策的出台,让"作业"再次成为焦点,布置"弹性作业""分层作业""个性化作业"等成为一线教师需要面对的实践难题。《义务教育课程方案(2022年版)》和学科课程标准的颁布,让"核心素养"成为热词,各个学科都要考虑如何发挥学科优势,为学生的核心素养发展贡献本学科的力量。如何用"作业设计"提升学生的"核心素养"?成为很多一线教师的研究课题。

我和团队成员近20年来一直研究单元整体教学,2015年7月,提出了"单元整合作业"的概念,并组织骨干教师进行了人教版小学语文教科书94个单元整合作业的设计,在所在学校实施。以此为基础,我发表了《立人为本的小学语文单元整体教学》的文章,也作为"小学语文整体教学理论与实践体系研究"的一部分,获得北京市基础教育教学成果一等奖。

"双减"政策颁布后,我作为统筹负责人,主持北京市小学语文、数学、英语的作业设计的研修活动,研究成果在《"双减"政策下的教师担当与北京行动》中呈现。在北京教育学院组织实施的"双减"背景下北京市中小学干部教师能力提升培训第十讲中,作了"中小学高效作业设计与实施"的专题讲座。

这样的探索过程,让我对作业有了比较清晰的认识。作业,《辞海》解释为"为完成生产、学习方面的既定任务而进行的活动"。《教育大辞典》把完成学习任务的作业分为课堂作业和课外作业两大类。作业，指的是学习活动，不是传统意义上的家庭作业，更不是机械识记与练习的代名词。

我认为核心素养是在复杂情境中解决问题的关键能力的表现，举例说明的话，就是司马光砸缸救人。在同伴掉入水缸的时候，7岁的司马光表现出"临危不惧"和"解决问题"的特质，这种表现就是核心素养。"聚焦中国学生发展核心素养，培养学生适应未来发展的正确价值观、必备品格和关键能力"[《义务教育课程方案（2022年版）》]，核心素养的培养需要更加整合的学习活动，因此我们把作业设计定位为"单元整体作业"，希望能在复杂学习情境中，完成学习任务，发展学生的综合能力。把"弹性作业""分层作业""个性化作业"的理念融合起来，通过内容和形式的可选择性，突出作业服务学生发展的特性。

作业设计，以统编版小学语文教科书的单元为基础，每学期选择2个单元，共计24个单元，包括拼音单元、识字单元、阅读策略单元、习作单元、语文综合性学习单元等多种单元形式，希望能够为读者提供小学阶段多种类型的单元整体作业设计样例。

每个单元的整体作业，包括"作业呈现"和"作业说明"两个部分，"作业呈现"旨在呈现一个完成的"产品"，"作业说明"是"产品的说明书"，让读者能够比较清晰地了解作业的内容和形式，也能够理解作业设计在教学中如何使用。

"作业呈现"部分，分为"单元内容简介""单元整体作业设计"两个部分。单元内容简介主要分析本单元为发展学生语文核心素养的功能；单元整体作业设计从作业目标、作业内容和作业标准三个方面来呈现，作业目标明确本单元作业的目标，作业内容是作业的主体，即在什么情境下以什么角色完成什么任务，作业标准是作业要达到的程度。

"作业说明"部分，分为"为什么设计这个作业""怎样完成这个作业""如何评价这个作业"，这三部分实际在说明设计的目的、实施的过程、评价的方式与标准。设计目的是根据课标、教材和学情进行的目标选择；实施过程是如何指导学生在完成学习任务的过程中表现出一定的学习成果；评价标准是师生能够依据标准对作业进行评价。三部分中以实施过程篇幅最多，可能会使读者产生一个错觉，认为这是不是越界了，这个过程不就是教学的过程吗？怎么能说是完成作业的过程呢？这里其实体现了我们的一个想法，就是作业应该是学习活动的结果，表现在语文课堂中就是学习过程结束后的可见的学习成果。如何评价这个作业，说明如何使用作业的评价标准，是作业评价标准的具体化，力图把核心素养表现的标准实践化，对照相应的核心素养维度进行评价。因为在这个方面的研究还不够，所以每个单元呈现得也不够完善，只能为读者提供一个参考的框架。

单元整体作业设计重在"整体"，希望能够把一个单元中的各个部分联系起来，在学科作业中能够集中体现这种联系。读者在使用的时候，一要从理念上理解，整体的学科作业才能培养学生整体的素养；二要从实践上理解，运用多种方式把学习内容联系为一个整体，把所有的学习活动集中在学生这个整体上。

以上是我所做的编写说明，一是说了为什么编写这本书，二是说了这本书怎样使用。各位读者朋友，一定是教学的专家，这本书中所呈现的作业设计能够给大家带来一点儿启发，能为学生的核心素养发展做出一点儿贡献，就是我们最大的满足了。

2023 年 2 月 3 日

第一章

一年级单元整体作业创意设计

第一节

制作"识字图册"
——一年级上册识字单元整体作业创意设计

第一部分 作业呈现

一、单元内容简介

本单元是统编版小学语文一年级上册的第一单元，是识字单元，也是学生入学后语文学习的起始单元。教材编排时关注了学生已有的识字经验，将识字安排在学习汉语拼音的前面，这也提示教师要充分调动学生的识字积累，积极提供机会让学生交流课内课外识字的路径与方法，建立课内外识字的联系，激发识字兴趣，培养主动识字的能力。

本单元安排了五篇识字课，内容丰富且具有浓浓的中国传统文化气息。有的内容和"人"紧密相关：《口耳目》让学生认识自己身体部位的名称，并结合看图进行识字；《天地人》引导学生了解自我，认识你、我、他。有的内容和自然界的事物有关：《金木水火土》将学生耳熟能详的汉字、事物组合成一首儿歌，将学生带入广阔天地；《日月水火》用图文结合的形式呈现八个象形字，揭示了象形字以象示意的特点，让学生对熟悉的汉字有了新的认识，感受汉字的文化内涵；《对韵歌》让学生在认识自然现象、植物、动物和美丽景色的过程中识字，同时初步感受汉语的音韵与节奏。

单元中的"口语交际",以学生喜爱的游戏营造自然、轻松的交际氛围,同时提出了交流时的要求——"大声说,让别人听得见。注意听别人说话"。"语文园地一"的"识字加油站""和大人一起读""快乐读书吧",都是在引导学生亲近文字,在阅读中识字,让学生知道"阅读"是识字的一条路径。"语文园地一"中的"字词句运用"借三组容易混淆的形近字,引导学生在比较中巩固识字;"书写提示"引导学生按正确的姿势、正确的笔顺规则书写;"日积月累"安排了古诗《咏鹅》,引导学生学习积累经典诗文。

教材的编排,关注了学生已有的识字经验,识字的内容、方式等都有意识地渗透中华优秀传统文化,强化汉字本身就是中华优秀传统文化的载体。单元学习要点、任务的设置,对刚入学的一年级学生而言并不轻松,仅识字量上就要求认识 40 个生字,会写 17 个字和 10 个笔画。因此,教学过程中要体现五个"注重":注重营造有趣的情境、注重识字兴趣的激发、注重识字与生活的联系、注重渗透多种识字方法、注重设计识字活动。因此在单元作业的设计上,也要关注学生已有的识字经验,关联学生的生活,将课外与课内的识字紧密结合起来,积极营造交流展示的机会,让学生展示自己的识字成果,交流识字经验,分享识字乐趣。

二、单元整体作业设计

(一)作业目标

1. 能在教师的引导下积极参与识字活动,完成识字任务;
2. 能通过不同路径主动识字;
3. 能借助活动提示、星级评价等学习支架,尝试梳理、分类整理、巩固课内外认识的汉字;
4. 能在教师的指导下,乐于展示自己的识字成果、主动介绍识字方法、讲述识字故事,积极参与交流、互动,分享识字的乐趣与感受;
5. 学习整理完成自己的"识字图册"。

（二）作业内容

同学们，你们已经是一年级的小学生了，语文学习从认识汉字开始，我们要和汉字做朋友。生活中、课文里处处有汉字，让我们用心发现，用笔记录，制作属于自己的"识字图册"吧。

这本"识字图册"中至少要有五张你自己制作的识字小报，还要设计出图册的封面。在班级"识字分享会"中，要展示你的"识字图册"，讲述你的识字故事。

（三）作业标准

1. 积极参与活动，乐于与同学分享、交流；
2. 能联系已有经验，通过多种方法巩固本单元所学汉字，感受汉字文化；
3. 在教师、家长的帮助下完成识字任务，完成"识字图册"的制作。

第二部分 作业说明

一、为什么设计这个作业

（一）基于核心素养发展

《义务教育语文课程标准（2022年版）》（下文简称《课标2022》）中指出，"语文课程是一门学习国家通用语言文字运用的综合性、实践性课程"，这清晰地阐述了义务教育语文课程培养的核心素养是学生在积极的语文实践活动中积累、建构，并在真实的语言运用情境中表现出来，是文化自信、语言运用、思维能力、审美创造的综合体现。

第一学段中，"识字与写字"要求学生要喜欢学习汉字，有主动识字、写字的愿望,要学习独立识字。"梳理与探究"要求学生要观察字形,体会汉字部件之间的关系,梳理学过的字,感知汉字与生活的联系。义务教育阶段语文课程内容主要以学习任务群组织与呈现,在基础型学习任务群"语言文字积累与梳理"第一学段的学习内容中,明确提出"认识有关人的身体与行为、天地四方、自然万物等方面的常用字;认识家庭生活、学校生活、社会生活中的常用字""尝试发现汉字的一些规律,初步学习分类整理课内外认识的字;在生活中主动识字,发展独立识字能力",强调"第一学段应多关注学生主动识字的兴趣"。

基于《课标2022》的要求,在设计一年级上册第一个集中识字单元的作业时,以培养识字兴趣为先,努力引导学生建立汉字与生活、汉字与汉字、汉字部件与部件之间的关联,积极创设真实学习情境下的具有内在逻辑关联的综合性、实践性的识字活动,在识字过程中发展思维,传承文化。

(二)基于对作业的再思考

《重构作业:课程视域下的单元作业》一书指出"作业,本质上是学生自主学习的过程"。"作业思想的历史发展脉络"一章中,将历史上不同专家的作业设计思想和观点分为四种类型——"作业即游戏活动""作业即教学巩固""作业即学习活动""作业即评价任务"。这些观点、论述对当下的作业设计有很多的借鉴意义。

比如:
作业应是一种学生感兴趣的自愿的活动、游戏;
作业内容要与生活紧密相连;
要强化作业的活动性、综合性;
课堂教学要与作业协调统一;
作业形式要多样;
作业评价要体现多元性;
……

（三）基于儿童立场

"人生聪明识字始。"儿童八岁以前80%的大脑发育已完成，是儿童学习识字的最佳时期，小学低年级的学生正处在这一时期。作业在某种意义上具有练习、巩固的作用。清代教育家颜元说过"讲之功有限，习之功无已"。对学生而言，作业应该是课上学习的延展活动，"习"的过程要让学生的各种感官都参与其中，"动"起来，就是经历、体验、获得的过程。

基于以上三点，本单元作业设计立足儿童，关联生活，以"制作识字图册"为主题，设计三项任务：识字与写字——在生活中找汉字朋友；梳理与探究——和课文中的汉字交朋友；表达与交流——交友分享会。采用游戏、活动的方式，激发学生识字兴趣，梳理、巩固本单元学过的汉字。任务设计意图如下：

任务一：识字与写字——在生活中找汉字朋友。遵循学生的学习心理，关注他们已有经验，借助"认姓名，识汉字""包装纸上字多多"两个活动，拉近汉字与学生之间的距离，引导学生在生活中识字。这一任务可以安排在课文教学前、中、后进行。

任务二：梳理与探究——和课文中的汉字交朋友。建议安排在课文学习之中或之后，目的在于帮助学生梳理本单元所学的汉字。"我说你做，玩转小字卡"，借"指令"引导学生在互动交流中分类识记生字，建立汉字间的联系；"图中见字，连字成画"，借图画构建字义，帮助学生建立音、形、义的联系，巩固识字，同时借画图渗透汉字文化。

任务三：表达与交流——交友分享会。先让学生完成"识字图册"的制作，这是本单元整体作业的最终体现。再让识字与表达相融合，引导学生在交流中分享识字的经验、乐趣，同时关注评价与总结。这一任务建议安排在单元学习之后。

二、怎样完成这个作业

任务一：识字与写字——在生活中找汉字朋友

活动 1：认姓名，识汉字

每个人都有自己的名字，你的名字怎么写？你还认识谁的名字？让我们制作一张"姓名"识字小报，一起认认，和姓名中的汉字交朋友吧。

活动提示：

1. 准备一张 A4 纸；

2. 贴上一张你最喜欢的个人照，认认真真写上自己的名字；

3. 请你的家长把家人的名字写在上面；

4. 再请身边的同学、老师、朋友把他们的名字也写在上面；

5. 读读、记记小报上的名字，和同伴交流。

活动 2：包装纸上字多多

同学们，你爱吃的零食，爱玩的玩具，妈妈做饭用的各种调味品都有包装，认一认包装纸上你感兴趣的字，再把它们剪下来，贴在一张 A4 纸上，制作一张识字小报，和大家分享你的识字故事。

任务二： 梳理与探究——和课文中的汉字交朋友

活动 1：我说你做，玩转小字卡

活动准备：把本单元要认识的 40 个汉字制作成字卡，每个学生一套。

我们和小字卡一起做游戏。一个人开动脑筋下"指令"，另一个人按照"指令"要求找相应的汉字，用找到的字卡制作小报，讲一讲你和字卡做游戏的过程。

指令 1：挑兵点将，我指你认。请同学或家长和你一起玩这个游戏。一人出字卡，一人认读，遇到不会的字，向身边的人请教，多读几遍。

指令 2：找到表示身体部位的字。

指令 3：找到表示"数"的字。

指令 4：火眼金睛找对子。找一找，这些汉字中，谁和谁能组成一对对子？比一比，看谁找得多。

指令 5：加加减减成新字。请你在字卡中找一找哪些汉字长得像，再比一比、摆一摆，用加一加、减一减的方法记一记长得像的汉字，和同学分享。

开动脑筋，想出更多的"指令"，和同学、家人玩字卡游戏。

活动 2：图中见字，连字成画

同学们，请你在字卡中选几个字，根据字的意思展开想象，画一幅画讲一个故事。

活动提示：

1. 随机选汉字，至少选五个字，根据字的意思画一幅画；

2. 把汉字分分类，按类选字画画；

3. 看看语文书《口耳目》《日月水火》这两篇课文中的图画，模仿课文，根据选的字，既可以画一幅综合的情景图，也可以画几张"图片＋汉字"的组合图；

4. 在画好的图画上写上或贴上相应的汉字；

5. 可以根据画面的内容讲情景故事，也可以讲一讲你识字的过程。

任务三：表达与交流——交友分享会

活动 1：连"页"成"册"，制作"识字图册"

整理自己的识字小报，加上封面，装订成册，给自己的"识字图册"起个好听的名字，用图案、花边儿进行装饰。

请你按照"五星评价单"，制作自己的"识字图册"。

| "识字图册"五星评价单 ||
内　容	星级榜
每一张识字小报都干净、整洁。	☆
至少有五张识字小报。	☆
封面有题目、姓名、制作日期。	☆
用夹子或订书钉装订图册。	☆
能根据图册内容讲述识字故事。	☆

活动 2：介绍我的汉字朋友

同学们，"交友分享会"开始了，请你向大家介绍自己的汉字朋友吧。向同学们展示你的"识字图册",说说你和汉字交朋友的小妙招,分享你的交友收获。

请你按照标准为分享的同学打分。

"交友分享会"五星评价单	
内　容	星级评价
展示"识字图册"中的一份识字小报。	☆
介绍小报上的汉字朋友: 1. 读准汉字朋友的名字; 2. 说说你是怎么和它认识的; 3. 分享你的交友妙招或收获。	☆☆☆
介绍时大声说,让别人听得见。	☆

三、如何评价这个作业

《课标2022》的理念倡导课程评价的过程性和整体性,重视评价的导向性。本单元设计作业评价时,与过程中的"活动提示""星级评价"同步,注重评价主体的多元与互动,借评价实现学生之间的学习与交流;注重对单元作业的回顾与反思,从素养类型、具体表现、作业效果三个方面对学生进行评价,激发学生的识字热情与识字兴趣,逐步培养独立识字能力。

单元整体作业评价单如下:

制作"识字图册"——单元整体作业评价单		
素养类型	具体表现	作业效果
文化自信	喜欢识字,在生活中主动识字,遇到不认识的字主动向他人请教。	乐于参与活动,积极完成任务,有识字兴趣。每做到一点,获一颗星。
语言运用	留心公共场所等真实社会场景中的文字,尝试认识标牌、图示、简单的说明性文字中的常用汉字。	结合任务一,制作识字小报。一张小报一颗星。

续　表

素养类型	具体表现	作业效果
思维能力	有意识地梳理在课内外学习的汉字，并尝试进行分类。	结合任务二，制作识字小报。一张小报一颗星。
审美创造	愿意整理自己的学习成果，并向他人展示。乐于表达自己的想法。	结合任务三，完成"识字图册"，和大家分享自己的识字故事。每做到一点，获一颗星。

单元整体作业评价单结合各时段的任务，以可视化的成果为标准进行评价。学生年龄小，刚刚开始识字，制作的小报能展现学生主动识字的过程即可，不需做过多要求。过程中的"活动提示""星级评价"，是提供给学生的学习支架，是"评价与导学"的统一，也是对单元整体作业评价的补充，可同步使用。当完成全部任务后，引导学生回顾作业过程，从参与活动、完成任务、识字兴趣三个方面对自己进行评价，引导学生关注自己识字过程中的状态，以评促学，鼓励学生更主动地识字。

北京市丰台区阳春小学　孙宏慧

第二节

玩转拼音转盘
—— 一年级上册拼音单元整体作业创意设计

第一部分 作业呈现

一、单元内容简介

统编版小学语文一年级教材的拼音单元一共有两个，分别是一年级上册第二单元和第三单元，这两个单元组成拼音学习大单元，合计学习 38 课时。通过拼音大单元的学习，学生能够读准 24 个韵母、23 个声母和 16 个整体认读音节，能够准确地拼读音节，正确地书写声母、韵母和音节。

汉语拼音是一年级学生入学初始阶段的重要学习内容，是"识字和写字"的初始板块，教学要做到以趣为先，以读为主，利用学生已有的口语经验和已经认识的汉字，帮助学生正确认读、准确拼读和书写。

本单元可以基于《课标 2022》"语言文字积累与梳理"任务群进行教学，为学生以后借助汉语拼音认读汉字，学习音序检字法查字典等奠定基础。

二、单元整体作业设计

（一）作业目标

1. 能够积极参与汉语拼音的学习和复习，有学习兴趣。

2. 能够将23个声母、24个韵母分类书写在拼音转盘上，做到书写正确、完整、工整。

3. 能够用拼音转盘玩"我拼你读"的游戏，读出教师或学习伙伴所拼的字、词或句子，有争取胜利的信心，感受在游戏中拼读的快乐。

4. 能够一边转动转盘，一边介绍自己，还能够指出自己姓名中包含的声母和韵母。

（二）作业内容

时间过得真快，一转眼我们已经在小学学习两个多月了，在这两个多月中，每位同学都有很大进步。在拼音方面，你掌握了多少本领呢？不仅老师想知道，你的小伙伴、你的家人肯定也想知道。现在，我们要通过一种好玩的方式展示一下拼音学习的成果——做一个拼音转盘，先用拼音转盘来玩一玩拼读游戏，再用这个转盘介绍你自己的名字，展示一下大家拼音学得怎么样。

（三）作业标准

结合作业目标和学生的认知特点，教师设计评价量规（如下表），打印出来发给学生。在教师的指导下，学生用画星的方式，完成自评和互评，最后由教师进行评价。评价中，星星的数量代表作业完成的情况，一颗星代表"要加油"，两颗星代表"还可以"，三颗星代表"很优秀"，最高为三颗星。

评价内容	自己评	同伴评	教师评
能够按顺序正确书写23个声母。			
能够按顺序正确书写24个韵母。			
能够使用拼音转盘拼读音节。			

续表

评价内容	自己评	同伴评	教师评
能够使用拼音转盘介绍自己的名字。			
能够说出自己名字中的声母和韵母。			

第二部分 作业说明

一、为什么设计这个作业

（一）基于素养发展

《课标2022》对于基础型学习任务群"语言文字积累与梳理"第一学段的学习内容，提出这样的要求："认读拼音字母，拼读音节，认识声调，借助汉语拼音认读汉字……在日常交际情境中学习汉语拼音和普通话。"基于此，在拼音大单元的教学中，教师以趣为先，以读为主，结合图画、手指操、顺口溜、儿歌等强化学生对拼音字母的记忆，让学生更好地记住字母的读音和写法，正确区分形近字母，再通过形式多样的学习活动，让学生进行音节的拼读练习。结合《课标2022》的要求和教材的特点，确定本次单元作业为"用拼音转盘展示学习成果"这一大任务，分为"转盘做起来""转盘玩起来""转盘用起来"三个关联紧密的阶段性分任务，通过进阶式学习任务链，让学生在游戏化的实践活动中，完成对声母和韵母的梳理和复习。学生在同伴互助中进行拼读练习，用自制的拼音转盘简单介绍自己，在声母和韵母的复现中巩固记忆，培养学生的拼读能力和说完整话的能力，增强学生运用所学知识展示自己的信心与勇气，让他们更好地融入班集体，感受学习的趣味和成长的快乐。

（二）基于儿童立场

本次单元作业为"用拼音转盘展示学习成果"这一大任务，属于课内实践性作业，完成时长为一课时，由教师带领学生在课堂上完成。本作业设计以游戏为依托，强调学生主体参与，在"做一做""写一写""读一读""拼一拼""比一比"等学习活动中，强化学生对拼音的识记和拼读。因为学生年龄较小，需要教师指导和明示每个小阶段的学习任务，让学生既能够在教师的指导和要求下，有自己独立完成的部分，也有在同伴互助中提高自己的收获与体验的部分，最终能够分层次、有条不紊地完成作业，呈现可见的学习成果。

汉语拼音是小学生在一年级入学一两个月时的学习内容，这个时候的学生刚刚走出幼儿园，他们的认知特点和幼儿园大班的孩子非常接近，作业的设计遵从幼小衔接的要求，采用以拼音转盘展示学习成果的游戏化方式，发挥学生的主体作用，激发学生参与学习活动的兴趣与热情，让他们在求知欲和好胜心的驱使下，完成三个子任务。课堂上，学生在转盘制作中复习声母和韵母，在玩中反复尝试和练习，在竞赛中强化拼读，在自我介绍的展示中挑战自己、突破自己。通过这样的作业实践，让学生强化自己的知识积累，体验学习的乐趣，获得持续学习的动力。

二、怎样完成这个作业

任务一：转盘做起来

制作一个拼音大转盘，首先要把我们学习的23个声母和24个韵母写在转盘上，做好之后，我们用这个转盘拼读音节，比一比谁的本领大。

活动1：复习声母表和韵母表

1. 读教科书52页的声母表，朗读形式为自由读、开火车读，完成对23个声母的复习。

2. 读教科书52页的韵母表，朗读形式为自由读、男女生配合读，完成对24个韵母的复习。

活动2：制作拼音转盘

教师发给学生每人一个拼音转盘的半成品，提出制作要求，学生在教师的指导下，按照以下步骤制作拼音转盘。

1. 拿出最大的圆形纸板，把23个声母按照字母表中的顺序，正确、端正地写在上面，注意要写完整，不要丢字母，可以参考教材上第52页的声母表完成书写。

2. 拿出第二大的圆形纸板，把作为介母的i、u、ü这三个韵母正确、端正地写在指定位置。

3. 拿出第三大的圆形纸板，把24个韵母按照字母表中的顺序，正确、端正地写在上面，注意要写完整，不要丢字母，可以参考教材上第52页的韵母表完成书写。

4. 把写好的三个纸板和已经标好声调的最小纸板摞在一起，用软铁丝穿过纸板中心固定好。

5. 同桌两人交换转盘，帮助同伴把写好的声母和韵母检查一下，看看有没有问题，如果有问题，为同伴指出，在互助中完成修改。

制作好的拼音转盘如下图（来自网络）所示：

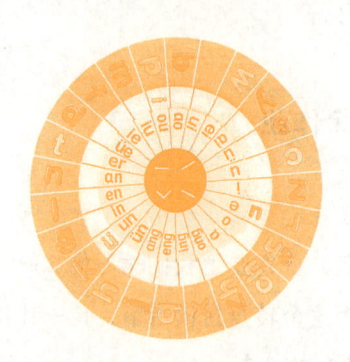

任务二：转盘玩起来

先熟悉一下自己的拼音转盘，为玩转这个转盘作准备。

活动1："我转我拼"

1. 教师提出要求，学生自己玩转盘。

2. 用转盘拼出自己的名字，注意声调，能够做到一边转一边拼读。

3. 自由转动转盘，自己拼出音节，再读一读；或者心里随便想一个词语，用转盘拼一拼。

活动2："我拼你读"

1. 将学生分为4到8个小组，每组指定3名学生出场比赛。比赛时，教师转动拼音转盘，用实物投影展示，比一比，看看哪组得分最多。得分规则：拼对一个字1分，以此类推，一个词语2分，一个四字短语4分。具体过程如下：

（1）教师用拼音转盘拼出汉字，每组选派一名同学进行拼读；

（2）教师用拼音转盘拼出词语，每组选派一名同学进行拼读；

（3）教师用拼音转盘拼出句子，每组选派一名同学进行拼读。

2. 选出优胜小组，掌声鼓励。

3. 同桌两人自由使用拼音转盘玩游戏，进行拼读练习，尽享游戏的挑战与快乐。

任务三：转盘用起来

我们都能够熟练使用拼音转盘拼读音节了，下面有一个更高难度的任务等着我们去完成，看看哪位同学完成得最好？

活动1：用转盘练习自我介绍

1. 请每位同学用下面的句式介绍自己的名字，用转盘拼出来，自己试一试。句式：我叫_____。

2. 试着说出自己名字中都有哪些声母和韵母，做到一边指着拼音转盘中的字母，一边进行介绍。

3. 学生和同桌两人练一练，如果有问题，同桌之间互相帮助，共同完成。

活动2：用转盘向同学介绍自己

1. 每组选派一名代表使用自己的拼音转盘向大家介绍自己的名字。

2. 学生自我介绍之后，说一说自己名字中的声母和韵母都有哪些。

3. 学生互评，看看哪个小组的同学完成得最好。

三、如何评价这个作业

结合《课标2022》的要求，本单元作业设计力求做到量少质优，帮助学生在拼音学习完成之后进行积累与梳理，在实践中获得典型而深刻的学习体验。教师结合过程性评价的要求，在学生完成作业的过程中，注重观察学生表现出来的学习态度、参与程度和对汉语拼音掌握的情况，进行有针对性的即时性评价，在保护和激发学生积极性的前提下，指导学生更好地完成单元作业。在结合评价量表进行评价的过程中，教师还要注重发挥多元评价主体的作用，指导学生先进行自评，再指导学生对自己的小伙伴进行评价，完成互评，最后教师结合学生的表现进行评价。具体可以参考下面的层级来进行评价。

1. 23个声母和24个韵母在拼音转盘上的书写。
（1）能够按照字母表的顺序将声母、韵母分类书写在不同的圆纸板上。
（2）能够按顺序正确书写声母和韵母。
（3）能够按顺序正确、完整地书写声母和韵母。

2. 用拼音转盘玩游戏的过程。
（1）教师或学生用拼音转盘拼出汉字，学生正确拼读。
（2）教师或学生用拼音转盘拼出词语，学生正确拼读。
（3）教师或学生用拼音转盘拼出句子，学生正确拼读。

3. 用拼音转盘进行自我介绍的表现。
（1）一边转动转盘，一边基本正确地拼出介绍自己的句子。
（2）一边转动转盘，一边正确、完整地拼出介绍自己的句子。
（3）一边转动转盘，一边正确、完整地拼出介绍自己的句子，还能够准确指出名字中包含的声母和韵母。

北京市昌平区教师进修学校　陈丽

第三节

续编"反转故事"
——一年级下册阅读单元整体作业创意设计

第一部分 作业呈现

一、单元内容简介

统编版小学语文教材一年级下册第七单元的人文主题指向"习惯",《文具的家》《一分钟》《动物王国开大会》《小猴子下山》四篇贴近学生生活又充满童真童趣的课文,渗透了责任意识和良好习惯的培养目标。

本单元的语文要素是"根据课文信息作简单推断",这是在一年级上册第八单元和下册第二单元"找出课文中的信息"要求的基础上,对学生阅读理解与思维发展的深化。本单元的四篇课文在语文要素方面承载不同任务,特别是《一分钟》《动物王国开大会》《小猴子下山》三篇文章联系紧密,层次清晰。《一分钟》引导学生运用"要是……就是……"的句式进行推断,是借助语言与思维的支架学习推断的阶段;《动物王国开大会》引导学生根据已知内容对后面的内容作出推断,可以看作是基于《一分钟》推断方法学习后的练习阶段;《小猴子下山》需要将信息进行整合,对"小猴子最后为什么会空着手回家去"这个结果作出完整推断,是在前两篇课文学习基础上的综合运用阶段。三篇课文中的主人公都在事件发展过程中因为一定的"错误"导致了不理想的结果。

帮助课文中的主人公改正错误，达成圆满的结局是学生美好的愿望。

基于教材特点及单元要求，本单元以"帮助主人公改正错误、完成愿望"为情境，以"续编'反转故事'"为核心任务，以"找出原故事主要内容的明显信息""梳理原故事信息并作简单推断""根据对原故事的推断续编'反转故事'"为过程性任务，以"续编图画书'反转故事'"为选做的拓展任务，设计"识字与写字""阅读与鉴赏""表达与交流""梳理与探究"四种实践活动形式相结合的具有情境性、实践性、综合性的作业群，意在通过一年级学生感兴趣的情境任务激发学生阅读、探究、表达的愿望，在促进单元"语文要素"落实的同时，使学生体会到有"责任意识和良好习惯"的重要性。在"双线目标"达成基础上，使学生的语文核心素养得到发展。

二、单元整体作业设计

（一）作业目标

1. 能够根据问题用圈画的方法找到并说出课文中涉及推断过程的明显信息，了解课文大意。

2. 能够根据信息，借助表格等提示说出自己推断的过程。

3. 能够根据推断，借助表格等提示讲述续编的"反转故事"，知道有责任意识和良好习惯的重要性。

4. 能够在图画书阅读中运用"根据问题提取信息""借助表格"等方法作出简单推断，续编"反转故事"，进一步体会责任意识和良好习惯的重要性。

（二）作业内容

同学们，你们想过帮助故事中的主人公续编"反转故事"吗？"反转故事"就是改变他们在故事中的做法，让结局发生变化。第七单元故事中的主人公就来寻求我们的帮助啦！他们对自己所做事情的结果不满意，想请大家帮助他们把故事"反转"过来，得到圆满的结果。

在帮助他们的过程中，我们将了解他们做的事情，帮助他们分析哪里做错了，怎么改正错误，然后通过改编，让故事"反转"过来，实现他们的愿望。除了帮助课文中的主人公，图画书中的主人公也想请我们来帮忙。让我们一起来帮帮他们吧！

（三）作业标准

本单元的作业标准主要围绕"根据课文信息作简单推断"这一语文要素的落实过程中的实践活动进行设计，三个"评价内容"即为三个核心活动：找信息、作推断、编故事。这三个核心活动主要涉及"思维能力""语言运用"两个核心素养类型。每一个内容具体呈现了评价的标准及评价量规。教师在使用过程中可以结合不同任务对标准进行拆分、整合，也可以根据学生的实际情况进行相应的调整。

素养类型	评价内容	评价标准	评价量规 优秀	评价量规 良好	评价量规 合格
思维能力	找信息	1. 信息准确； 2. 信息全面； 3. 表达清楚。	根据问题所提取的信息准确、全面；能结合问题说清楚找到的信息。	根据问题较为准确、全面地提取信息；能结合问题较清楚地表达。	根据问题提取部分信息；能结合问题说出部分信息。
思维能力	作推断	1. 推断有依据； 2. 推断准确； 3. 表达清楚。	能根据信息有依据地作推断；推断正确、逻辑清晰；能运用关联词语把推断过程表达清楚。	能根据信息有依据地作推断；大部分推断内容能做到正确、逻辑清晰；推断过程表达基本清楚。	部分推断有依据；推断有少部分正确、逻辑清晰；能把自己的推断过程表达出来。

续表

素养类型	评价内容	评价标准	评价量规		
			优 秀	良 好	合 格
语言运用	编故事	1.根据推断编故事； 2.故事逻辑清晰； 3.表达清楚完整。	所编故事与原故事相关，故事情节发展逻辑清晰，表达清楚完整。	所编故事与原故事相关，故事大部分情节发展逻辑清晰，表达基本清楚，较为完整。	所编故事与原故事相关，有一定的逻辑性，能把故事部分主要情节表达出来。

学生年龄较小，在使用标准过程中，教师可以通过朗读、讲解、结合例子说明等方式，帮助学生理解评价内容，评价也最好能够伴随学生的学习过程自然呈现，以鼓励为主，不加重学生学习的心理负担。

第二部分 作业说明

一、为什么设计这个作业

第一，聚焦核心素养，建构学习框架。《课标2022》提出"语文课程围绕核心素养，体现课程性质，反映课程理念，确立课程目标"。"核心素养"是语文课程目标的核心，它是学生在积极的语文实践活动中积累、建构并在真实的语言运用情境中表现出来的，是文化自信和语言运用、思维能力、审美创造的综合体现。因此，要提升学生的核心素养，就需要设计真实的语言运用情境与具体的实践活动任务，引导学生在解决问题的过程中综合运用所学知识和掌握的技能。本设计将"帮助主人公改正错误、完成心愿"的情境与"续编'反转故事'"的语言运用具体实践活动任务有机融合，为学生核心素养的提升搭建了平台。学生在完成"反转故事"续编的过程中需要学习、运用根据信息作推断的方法，在方法运用过程中得到语言运用、思维能力的发展和正确价值观的引导。

第二，统整教材资源，发挥"任务群"功能。义务教育语文课程内容主要以学习任务群组织与呈现，设计语文学习任务，要围绕特定学习主题，确定具有内在逻辑关联的语文实践活动。语文学习任务群由相互关联的系列学习任务组成，共同指向学生的核心素养发展，具有情境性、实践性、综合性。语文学习"任务群"将单元零散的课文和相关知识、技能进行整合，使课文成为学生素养发展的资源，各自发挥不同作用，共同达成单元教学目标。本设计在"续编'反转故事'"的核心任务下，用"三层次""五步骤"的设计整合教材资源。"三层次"即"找出原故事主要内容的明显信息""梳理原故事信息并作简单推断""根据对原故事的推断续编'反转故事'"。"五步骤"是根据单元课文具体内容，将三个层次中的后两个层次任务进行分步骤设计。"梳理原故事信息并作简单推断"分为两个步骤：一是以《一分钟》为例，学习借助表格提示对原故事进行推断；二是以《动物王国开大会》《小猴子下山》为练习，尝试自主借助表格进行课文原故事推断。"根据对原故事的推断续编'反转故事'"也分为两个步骤：以《一分钟》为例，借助对比图，进行"反转故事"的学习；通过《动物王国开大会》《小猴子下山》两篇课文进行"借助对比图"练习续编"反转故事"，在此基础上设计自主选择的拓展任务"续编图画书'反转故事'"。这样的设计统整了教材资源，使每篇课文都在人文主题、语文要素的落实方面发挥了不同的作用，最终形成合力，促进单元整体目标的达成和素养的提升。

第三，抓住学段特点，呈现学习过程。本单元的语文要素指向学生抽象逻辑思维的发展，对于刚刚度过"幼小衔接适应期"的一年级学生来说有一定难度。皮亚杰的"认知发展理论"认为，处在这个年龄段的学生认知发展仍处在"前运算阶段"向"具体运算阶段"发展的过渡期，他们具有逻辑概念，能够进行逻辑推理，但仍需具体事物的支持。因此本次作业设计用图片、表格等形式,将抽象的逻辑分析过程直观化、形象化,为学生提供思维和语言的支架,展开学习过程,呈现教、学、用的层次,使学生学习的过程与结果可视化,进一步发挥作业诊断、巩固、学情分析等功能,促进学生素养的发展。

二、怎样完成这个作业

同学们,通过第七单元的学习,你们一定懂得了有责任心和好习惯的重要性。课文故事中的元元、狗熊和小猴子都知道了自己的问题所在,他们十分想改正自己的错误,希望你们能为他们编一个改正后的故事。老师和你们一起来帮助他们吧!我们只要完成"了解故事""推断原因""续编反转故事"三项任务就可以啦!

任务一:了解故事

活动1:故事中的生字我会认

同学们,在这个单元的故事中,有许多生字我们需要认识,认识生字你们已经学习过很多方法了,能用你们学过的方法归类认识这些字吗?

加一加   减一减

活动2:故事中的生字我会写

在这个单元,同学们重点学习了左上包围字和右上包围字的书写规则,你们还记得怎样写好这个结构的字吗?请你在下面田字格里各写两个字。

左上包围的字:

右上包围的字:

任务二：推断原因

活动1：借助提示回忆表达

同学们，在第七单元我们都学习了哪些课文？你们还记得这些课文讲了什么故事吗？在课文中有一些重要的内容，就像一列小火车，一节跟着一节，串连起这个故事的主要内容，我们把它们找全，故事的大概内容就了解了。请你在课文中用下划线把车厢提示的内容画下来，再连起来说一说，说完大家可以按"星级评价"的内容给自己评价，也可以和伙伴互相评价。

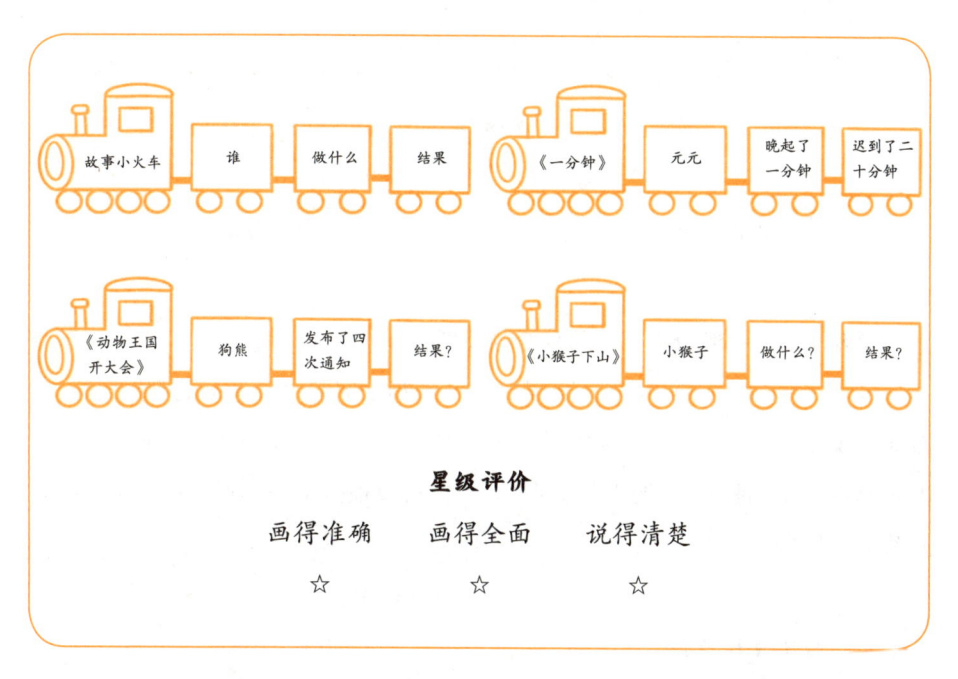

故事小火车	谁	做什么	结果
《一分钟》	元元	晚起了一分钟	迟到了二十分钟
《动物王国开大会》	狗熊	发布了四次通知	结果？
《小猴子下山》	小猴子	做什么？	结果？

星级评价

画得准确	画得全面	说得清楚
☆	☆	☆

活动2：尝试借助提示梳理信息作推断

在前面的活动中，我们回顾了本单元课文的主要内容，要想帮助小朋友和小动物编"反转故事"，我们还需要了解事情的具体经过，并且帮助他们分析错误的原因才行。下面我们就先来回忆《一分钟》这个故事的经过，按下面学习单中的提示找一找、画一画课文中的相关内容，帮助元元回忆事情的经过，找找错误的原因吧！

先把下面表格中括号里的内容在书中画下来,再用"因为……所以……"连起来说一说,元元就清楚自己迟到的原因了,来试一试吧!

因　为	所　以
元元一早多睡了（　）。	他走到十字路口赶上了（　）。
他走到十字路口赶上了（　）。	公交车（　）。
公交车（　）。	他只好（　）。
他只好（　）。	到了学校已经（　），他（　）。

星级评价

画得准确☆　　　　　画得全面☆

借助"因为……所以……"的提示把过程说清楚☆

活动3：自主使用提示梳理信息作推断

我们一起帮元元找到了错误的原因,《动物王国开大会》中的狗熊、《小猴子下山》中的小猴子也等着我们去帮他们呢!下面大家就用帮元元的方法试着帮助这两个小动物找找错误的原因吧!大家可以根据下面学习单的提示先找到内容再说原因。

1. 帮狗熊找原因

因　为	所　以
狗熊第一次通知告诉大家（　）。	狐狸说（　）。
狗熊第二次通知告诉大家（　）。	大灰狼说（　）。
狗熊第三次通知告诉大家（　）。	梅花鹿说（　）。
狗熊第四次通知告诉大家（　）。	这一次大家（　）。

2. 帮小猴子找原因

小猴子来到玉米地，掰了一个玉米，扛着往前走。	
因　为	所　以
小猴子看到（　），就扔了（　），去摘（　）。	他手里的（　）就没有了，只剩下（　）。
小猴子看到（　），就（　），去（　）。	他手里的（　）就没有了，只剩下（　）。
小猴子看到（　），就（　），去（　）结果（　）不见了。	他只好空着手回家去。

星级评价

画得准确 ☆　　　　画得全面 ☆

借助"因为……所以……"的提示把过程说清楚 ☆

任务三：续编"反转故事"

活动1：借助提示明确方法，试编"反转故事"

同学们，在前面的任务中，我们根据表格提示理清了事情的经过，帮课文中的主人公们找到了错误的原因。下面，我们就要开始为他们编写改正后的故事了。

要编好他们改正后的故事，就要对比原来的故事，把他们原来"错误"的地方改过来，我们先以《一分钟》为例，为元元续编一个"反转故事"吧！下面的学习单中有"课文内容"和"反转内容"两部分，请你先对应课文内容说说"反转"后会怎样，再把"反转"内容连起来讲一讲，就能帮元元完成改正后的故事啦！

活动 2：借助提示运用方法，续编"反转故事"

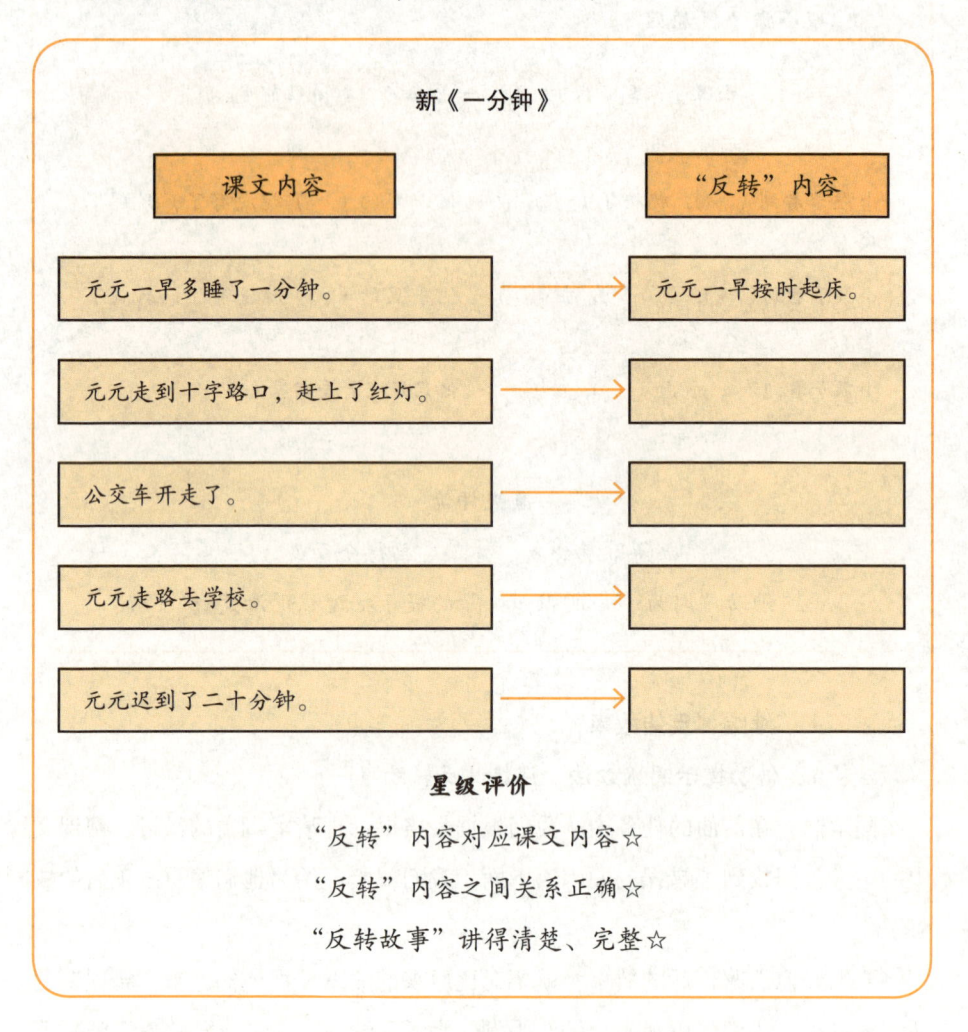

新《一分钟》

课文内容	"反转"内容
元元一早多睡了一分钟。	元元一早按时起床。
元元走到十字路口，赶上了红灯。	
公交车开走了。	
元元走路去学校。	
元元迟到了二十分钟。	

星级评价

"反转"内容对应课文内容 ☆

"反转"内容之间关系正确 ☆

"反转故事"讲得清楚、完整 ☆

相信通过尝试为元元续编"反转故事"，你们已经掌握了方法，下面就请你尝试运用这个方法来为狗熊、小猴子续编"反转故事"吧！可以对照下面学习单的提示来讲，也可以用自己喜欢的方式讲。

新《动物王国开大会》

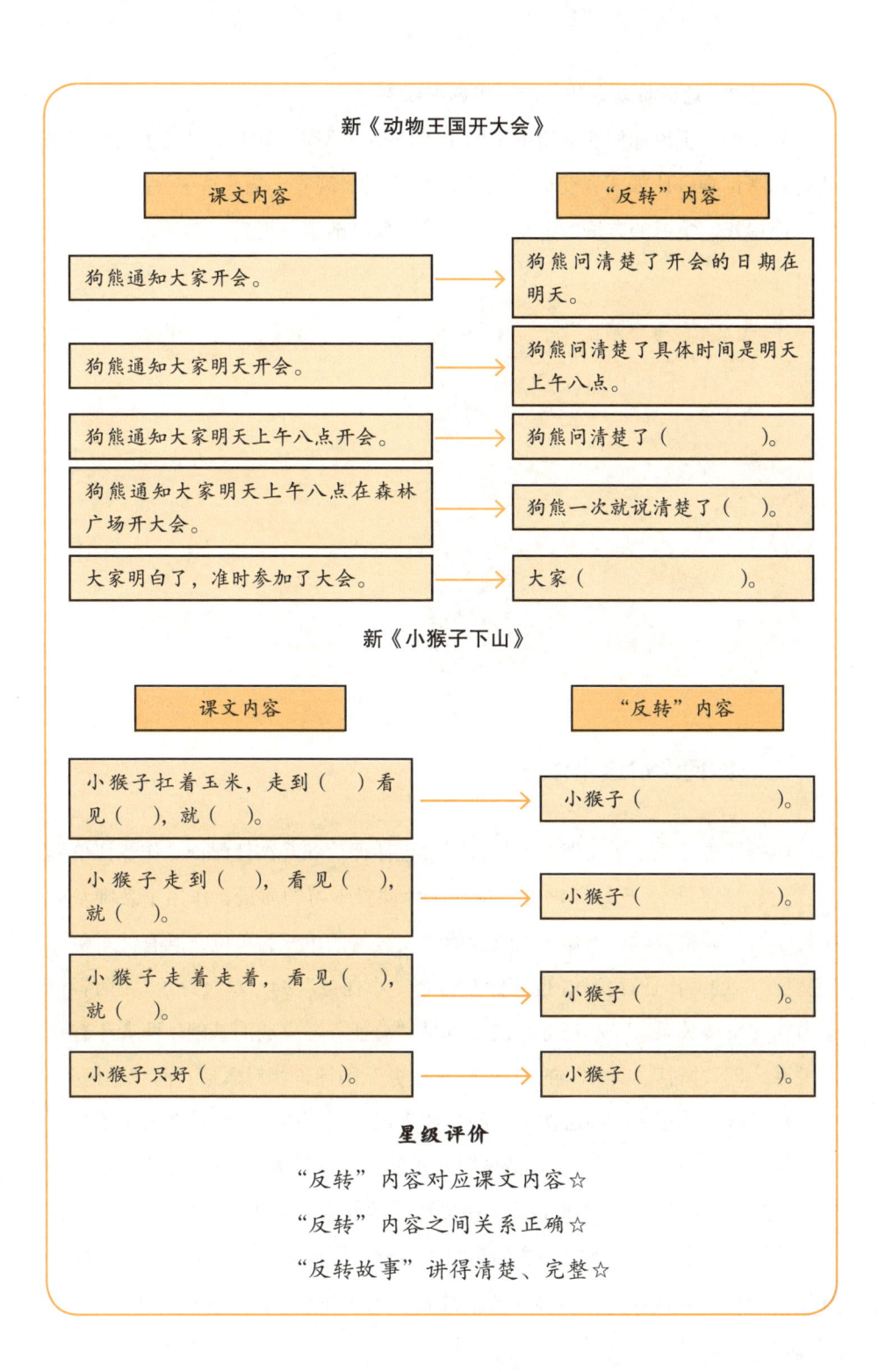

课文内容	"反转"内容
狗熊通知大家开会。	→ 狗熊问清楚了开会的日期在明天。
狗熊通知大家明天开会。	→ 狗熊问清楚了具体时间是明天上午八点。
狗熊通知大家明天上午八点开会。	→ 狗熊问清楚了（　　　）。
狗熊通知大家明天上午八点在森林广场开大会。	→ 狗熊一次就说清楚了（　　　）。
大家明白了，准时参加了大会。	→ 大家（　　　）。

新《小猴子下山》

课文内容	"反转"内容
小猴子扛着玉米，走到（　）看见（　），就（　）。	→ 小猴子（　　　）。
小猴子走到（　），看见（　），就（　）。	→ 小猴子（　　　）。
小猴子走着走着，看见（　），就（　）。	→ 小猴子（　　　）。
小猴子只好（　　　）。	→ 小猴子（　　　）。

星级评价

"反转"内容对应课文内容 ☆

"反转"内容之间关系正确 ☆

"反转故事"讲得清楚、完整 ☆

活动3：迁移推断方法，续编图画书故事

同学们，听说你们能够帮书中的主人公改正错误，好多书里的主人公都来找你们帮忙啦，比如《我变成一只喷火龙了！》《晚安，猫头鹰》。感兴趣的同学可以用我们学习的方法，也帮他们续编"反转故事"吧！

三、如何评价这个作业

明确评价关系。语文课程评价包括过程性评价和终结性评价。作业评价属于"过程性评价"，连接课内外，反映学生课堂学习的质量，作用于教师及时把握学情，调整教学。本作业以统编版语文教材的单元为单位，既有针对单元"总任务"的"作业评价"，也有针对每个"小任务"的"星级评价"。两者可以看作"承接关系"，"小任务"的完成是"总任务"完成的基础。两者还有一种关系，即"概括、具体"的关系。"小任务"的评价相对概括，而"总任务"则比较具体地描述了不同层次学生的具体表现。如任务一中活动2的评价标准"画得准确""画得全面""说得清楚"对焦的是"总任务""作业评价"第一条"找信息"的内容。在"评价量规"中描述了达成这一标准"优秀""良好""合格"的不同水平表现。值得注意的是，为方便实际操作，每个小任务的"星级评价"是针对具体任务进行描述的，其文字表述并未与总任务的"作业评价"

一一对应，但其内在逻辑是一致的。另外，因为评价标准是面向学生的，所以未在评价中作具体说明。教师在使用评价时，要清楚总任务"评价标准"与分任务"星级评价"之间的关系，对照使用。

把握评价路径与方法。由于一年级的作业基本都是在课堂中完成，因此，评价的方式也以课堂教学评价为主。从参与人员看，可以是教师、学生、自己。从实施方式来说，可以使用口头评价和书面评价的方式。从评价路径来说，应在评价前让学生清楚评价的内容和标准，在指导学习的过程中引导学生根据标准完成任务，在评价时仍旧以评价的标准为核心反思任务完成过程、方法与结果，使学生获得可迁移的方法，促进学生核心素养的发展。本作业设计的学生表现有两种形式，一是标画，二是表达。对于标画类的作业，教师可以采取"学生按要求自主标画—标画结果反馈—针对问题点拨方法—修改"这一基本路径，主要采取口头评价的方式，引导学生之间进行互评。由于表达的评价难度较大，教师应作比较细致的指导。可以采取"解释评价标准—示范评价过程—试评展示交流—评后反馈反思"的路径，逐步引导学生明确评价标准，了解评价过程，掌握评价方法，最终能够自主实施评价。

需要注意的是，一年级学生年龄较小，自主理解评价标准这样抽象的内容有一定困难。因此在教学中，教师应注意对评价标准进行指导，让学生了解评价标准的内容及重要性，进而培养按照标准来完成任务的思维习惯。在实施评价过程中要充分理解和尊重学生的原有经验、发展速度和发展水平的差异，多指导、多肯定、多鼓励、多协商，对于评价标准，在符合课标、教材要求的基础上，可以进行调整，使之适合不同层次的学生。切忌提高统一要求或进行横向比较，挫伤学生学习的积极性。

重视评价结果。课程视域下的作业设计，不仅强调目标导向、整体设计，而且强调反馈调节，需要根据评价结果来调节课程目标本身。[1]因此，教师同样要注意作业评价的统计与改进。本作业在评价结果使用方面需要注意以下几点。第一，明确评价层次、功能。在本作业设计中，评价也有不同层次和

---

[1] 王月芬.重构作业：课程视域下的单元作业[M].北京：教育科学出版社，2021.

功能。每个分任务例子部分的评价主要作用于"学",以评价引导学生学习如何完成任务,如《一分钟》一课,在"找信息""作推断""编故事"三大任务中都承担着"学习""示范"的功能,它的评价就作用于引导学生方法、策略的习得。而《动物王国开大会》《小猴子下山》的评价则可以作为对学生学习的检测评价来使用,其中《动物王国开大会》主要通过评价反映学生的主要问题,进行指导后,再通过《小猴子下山》检验问题解决的成效。图画书阅读则可以作为考查学生迁移运用水平的评价,其针对的主要人群是学有余力的学生,不作为对全体学生的评价。第二,对评价结果有比较明确的数据统计。虽然一年级的作业多在课堂上完成,但教师要关注学生学习结果的记录。信息的提取可采取学生知道正确答案举手示意,教师即时统计,发现问题、指导纠正的方式。"作推断"和"编故事"是本作业的核心目标和学生学习的难点,最好采取书面记录的方式。教师可以引导学生根据评价标准和示范,相互交流、评价,或者使用网络平台和信息技术工具将作品进行上传,教师根据评价标准进行统计,得出目标达成效果的结论。第三,结合统计作好分析。教师基于学生表现,反观课堂教学过程,查找问题。如学生作推断时逻辑不够清晰,就要分析在教学中是如何进行指导的,问题出在了学生学习方式上,还是教师的指导上,作好分类并思考解决问题的路径,在下一阶段教学中进行调整,形成成功经验。这些经验的总结和梳理既为后续讲评辅导提供依据,同时也会成为有效教学的资源。

北京市朝阳区教育科学研究院　张瑾

第四节

口诵心惟趣识字
——一年级下册识字单元整体作业创意设计

第一部分 作业呈现

一、单元内容简介

统编版小学语文一年级下册第一单元是本册教材的第一个识字单元，编排了《春夏秋冬》《姓氏歌》《小青蛙》《猜字谜》四篇识字课及"口语交际""语文园地一"等学习资源。本单元内容丰富，有看图识字、韵语识字、字族文识字、字谜识字等，体现了识字的多样性。课文编排充满传统文化色彩，富有童趣，有助于激发儿童的学习兴趣，传承中华民族文化。

识字写字是本单元的重点。本单元教学中鼓励学生运用学到的知识：反义词识字、对对子识字、象形字和会意字识字、形声字识字等识字方法，帮助学生回忆已学的生字、偏旁等知识储备，引导学生自主借助汉语拼音读准生字的读音，通过多种方式进行自主识字，激发学生自主识字的兴趣，提高学生自主识字的能力，培养学生主动识字的习惯。

在本单元教学中，通过活动化、游戏化、生活化的语文学习任务，借助生动直观的手段，帮助学生建立生字音、形、义之间的联系，加深学生对形声字构字特点的认识，提高识字的效率。本单元是集中识字，教学时应充分借助文本进行识字教学，在丰富的语文实践活动中，培养学生的朗读能力与语感。在识字的同时，重视引导学生了解汉字文化，推荐阅读《仓颉造字》，帮助学生了解文字起源，激发儿童对中华传统文化的热爱。

二、单元整体作业设计

（一）作业目标

1. 能体会形声字的构字规律，能选择合适的方法识记生字。
2. 能用自己喜欢的形式展示大自然四季的美丽，用自己的语言介绍姓氏故事。
3. 尝试猜字谜、编字谜，阅读整本书《仓颉造字》。

（二）作业内容

1. 整体的学习情境。

统编版小学语文一年级下册第一单元人文主题是感受中华优秀传统文化的魅力，围绕这一人文主题的作业设计以学生参与进行文化体验为主要情景设计。"口诵心惟趣识字"这一单元学习任务，让学生到课本中、整本书中、生活中去寻找我们的优秀传统文化，在"玩中学、说中学、做中学、学中思、思中内化"，从而最终达成学习目标。

2. 具体的学习任务。

单元总任务：

新学期开始啦，欢迎小朋友们回到我们喜爱的校园！有很多同学还沉浸在"千门万户曈曈日，总把新桃换旧符"的新年欢乐气氛中吧？中华文化博大精深，"春节"是最具中国特色的传统节日之一，接下来我们通过开展三个有趣的活动了解更多的中华优秀传统文化吧！

单元分任务：

分任务名单	分任务目标
四季美景我认清	识字与写字、阅读与鉴赏为主
儿歌童谣我传诵	识字与写字、表达与交流为主
字谜游戏我能行	识字与写字、梳理与探究为主

3.可见的学习成果。

（1）绘制有关四季的"美景"图。图中内容为有关四季的词语、儿歌、童谣、古诗、谚语等。

（2）开展讲姓氏故事的语文实践活动，将姓氏故事图画、文稿张贴在展板上。

（3）开展创意读儿歌、童谣的语文实践活动，可以在班级微信群中分享视频或编辑成美篇。

（4）开展收集字谜、编字谜、猜字谜的语文实践活动，将字谜内容贴在班级墙上，课间学生自主进行猜字谜活动。

（三）作业标准

评价内容	自主评价
我是识字小能手	☆☆☆
词语分类我很棒	☆☆☆
童谣儿歌我爱读	☆☆☆
故事大王就是我	☆☆☆
猜猜字谜真有趣	☆☆☆
《仓颉造字》我来讲	☆☆☆

评价建议：

本次作业最重要的目的是提高学生的识字兴趣，增长学生识字的自信心，使学生愿意自主阅读、合作阅读，激发学生的求知欲、建立学习自信，在评价过程中学习评价。因此，评价时以学生自评为主，教师针对学生素养水平和个性特点提出建议，及时反馈，激发学生的学习热情，保护学生的自尊心，尊重学生的个性差异。

第二部分 作业说明

一、为什么设计这个作业

《课标2022》指出：语文课程应引导学生热爱国家通用语言文字，继承和弘扬中华优秀传统文化、革命文化、社会主义先进文化，增强对习近平新时代中国特色社会主义思想的理解和认识，全面提升学生核心素养。

其中，中华优秀传统文化是养成民族灵魂的最好营养。弘扬和传承优秀传统文化主要在于入心入脑，要内化为我们每个人的日常言行。作为教师，我们要让优秀传统文化活在课堂上，活在孩子们的心里，在良好的社会大环境下，助力学生提高文化修养，培养学生学习优秀传统文化的能力，让学生有兴趣多了解有关知识，帮助他们种下热爱优秀传统文化的种子，待日后发芽。

一年级下册第一单元课文编排充满传统文化色彩，《春夏秋冬》一课的插图以扇形图画呈现，文字内容体现了中国传统蒙学读物的编排特点，语言典雅，富有文化内涵；《姓氏歌》是根据传统蒙学读物《百家姓》编写成的韵语识字，渗透了中国传统姓氏文化；《小青蛙》是字族文识字，集中体现了形声字识字的特点；《猜字谜》中的插图描绘了小朋友猜灯谜的情景，字谜是中国文化极具特色的内容。

通过第一学期的学习，学生已经逐渐养成了自主预习的习惯，掌握了多种识字方法，并且有了一定的识字量。会借助拼音朗读课文，具备一定的阅读经历。学生对识字充满兴趣，教师需要创设学生喜闻乐见的真实学习情境，激起学生的好奇心、求知欲，引导学生采取自主、合作的学习方式，通过"四季美景我认清"的学习任务进一步拓展识字渠道，扩大识字量；通过"儿歌童谣我传诵"的学习任务帮助学生初步感知童谣、儿歌中表达的内容，鼓励学生自主阅读、自由表达，在教师指导下正确、流利、有节奏、有感情地朗读课文、背诵课文；通过"字谜游戏我能行"开展有趣的收集字谜、猜字谜的语文实践活动，帮助学生进行积极的语言实践，积累语言经验，体会语言文字的特点和运用规律，培养语言文字运用能力。引导学生注重积累，勤于思考，乐于实践，勇于探索，养成良好的学习习惯；拓展语文学习空间，提升学生的语文学习能力。

二、怎样完成这个作业

任务一：四季美景我认清

2022年2月4日是正月初四，也是立春的日子，这一天还是第24届冬奥会在我国北京开幕的日子，开幕式给你留下最深印象的是哪一个场景呢？老师印象最深刻的是倒数计时，我们一起再看一遍当时的视频，大家说一说都看到了什么？

24个节气对应我国各地四季美景，搭配有关节气的传统诗词、俗语等，展现了我国大好河山和优秀传统文化，让我们都感到自豪，就让我们一起到书中去寻找如诗如画的四季美景吧。

活动1：找四季正字音

1. 请同学们自由读语文书2～16页的内容，如果遇到不认识的字可以运用我们学过的识字好方法来识记生字，找到有关四季的内容后（词语、句子、课文等）读给同桌听，并按照评价表进行互评。

评价内容	请在相应选项后面画"√"
全读对了，你真棒	
字读错了，我帮你	
再读一遍，全都对	

2. 请同学们两个人为一组选择你们喜欢的有关四季的内容进行创意朗读，可以加动作，可以拍手读，还可以创编喜欢的形式进行朗读，谁准备好了就读给大家听，看谁能读准字音，读通句子，读好节奏。

朗读形式推荐：互动问答拍手读。

男生：什么吹？

女生：春风吹。

男生：什么落？

女生：夏雨落。

男生：什么降？

女生：秋霜降。

男生：什么飘？

女生：冬雪飘。

评价内容	请在相应选项后面画"√"
读准字音	
读通句子	
读好节奏	
动作恰当	

活动2：寻四季清词语

1. 语文书中有很多关于四季美景的词语，它们离开了书本，来到了我们的课堂上，大家快来看看，大声念出它们的名字。

2. 请同学们按春、夏、秋、冬的顺序将读过的词语卡片进行分类，分类后和同桌再读一读，边读边检查分类是否正确。

春：草发芽　花吐蕊　天气暖　冰雪化

夏：太阳晒　树成荫　荷花开　知了叫

秋：枫叶红　落叶飘　水果香　动物忙

冬：北风吹　寒霜降　雪花飘　水结冰

3. 你还知道哪些有关四季的词语和同学们交流一下吧。我们把分好类的词语贴到四季美景图中，谁想到了新的词语就随时补充到美景图中。

春回大地　万物复苏　柳绿花红　莺歌燕舞
冰雪融化　泉水叮咚　百花齐放　百鸟争鸣

活动 3：赞四季展美景

有关四季的课文、词语我们阅读得很好，积累了很多，其实还有很多有关四季的有趣内容，比如歌曲、童谣、古诗、绘画作品……把你见过、听过的有关四季的内容分享给大家吧，我们可以唱，可以跳，可以画，可以背诵……

祖国多么广大

大兴安岭，雪花还在飞舞。

长江两岸，柳枝已经发芽。

海南岛上，到处盛开着鲜花。

我们的祖国多么广大。

任务二：儿歌童谣我传诵

一个假期过去了，大家还记得全班同学的名字吗？我们一起看着姓名牌念出大家的名字吧。中国是世界上最早使用姓氏的国家，姓氏是我们身上最重要的标志，历史上记载的姓氏有 5000 多个，其中有 3000 多个姓氏是一个字，叫"单姓"，还有 2000 多个姓氏是两个字，叫"复姓"。现在有些小朋友用爸爸、妈妈两个人的姓，加上两个字的名，也组成了四个字的名字，比如：张王明明，李赵萱霏，这些可不是"复姓"呦。距今已有 1000 多年历史的《百家姓》收录了 500 多个姓氏，是中国古代幼儿的启蒙读物，大家一起来了解吧。

活动 1：探姓氏密码

《姓氏歌》是根据《百家姓》编写成的，大家快自己读一读，看看有什么发现？你能声音洪亮地朗读或背诵课文《姓氏歌》吗？你能学着《姓氏歌》中

第一小节的样子介绍一下自己的姓氏吗？你知道《百家姓》中"赵、钱、孙、李、周、吴、郑、王"后面写的是什么内容吗？请同学们自选一个自己感兴趣的问题来解决，并将学习成果分享给大家。

活动2：讲姓氏故事

请同学们回家问一问家长有关自己姓氏的故事，可以是名人故事，可以是自己家人的故事，来到学校后讲给大家听。

评价内容	请在相应选项后面画"√"
将上堂声必扬	
步从容立端正	
讲故事语句通	

活动3：读童谣儿歌

《姓氏歌》《小青蛙》《摇摇船》……朗朗上口，让我们来进行一次童谣儿歌朗诵会，请你用自己喜欢的形式朗读或背诵你喜欢的童谣儿歌，可以读新学会的内容也可以读以前读过的内容。

儿歌推荐：

令

铃声一声响，
玲玲进课堂。
邻座提醒她，
领巾快带上。

心　通

我住海这边，他住海那边。
多年未往返，水隔情不断。
心通无远近，进退天地宽。
送走风雨后，迎来艳阳天。

任务三：字谜游戏我能行

同学们都爱玩什么游戏呀？有一种游戏流传千古，那就是字谜，古时称"廋辞"或"隐语"。它起源于春秋战国；汉朝时一些文人常用诗词、典故来制谜；南北朝时文人常以制谜、猜谜来斗智；隋唐时谜语由民间进入宫廷，许多皇帝都喜欢猜谜；北宋时期，猜字谜成为市民的一大乐趣；南宋时，每逢元宵节，人们将自己制作的谜语挂在花灯上，供人们边观灯边猜谜取乐，南宋都城临安的灯谜居全国之首，被誉为"灯谜之乡"；明清时期元宵节猜灯谜更加盛行，并出现了研究谜语制作的专门著作。谜语就这样成了广大人民喜闻乐见的文学形式，并一直流传至今。现在我们常常用字谜方法来识记生字，就让我们一起玩一玩古代人喜爱的这个游戏吧。

活动1：字谜找一找

同学们如果想读一些编好的字谜，应该怎么做呢？我们可以读字谜书，请家长帮忙通过电脑搜索找到，请大家把找到的最喜欢的两个字谜记在纸上，带到班中展示，大家一起来猜字谜吧。

活动2：字谜编一编

如果咱们班同学能猜一些自己编的字谜是多有趣的一件事呀，我们编字谜都可以用什么方法呢？知道了编字谜的方法，我们就来大展身手，试一试编出咱们班特有的字谜吧！

活动3：字谜猜一猜

经过大家的共同努力，咱们班中展示了很多找到的、自己编的字谜，今天咱们一起来猜字谜。每个小组为一队，老师发给每个小队一个信封，信封中有20张字谜，各小组成员一起猜字谜，看一看哪个小组能遵守规则，齐心合力猜的字谜多，猜字谜的速度快。

评价内容	请在相应选项后面画"√"
齐心合力讲秩序	
会读会想猜正确	
合理表达说明白	

三、如何评价这个作业

依据《课标2022》的要求，本单元作业的评价分为过程性评价和终结性评价两部分。在"作业标准"中呈现的评价表是本单元专用的终结性评价表，评价主体是学生本人。在学生完成本单元学习任务，并受到同学、老师等多主体、多角度评价后，由学生自主完成的评价，是学生不断进行自我认知的过程，能反应学生的学习积极性、自信心、自我认知程度等，帮助学生发掘自身潜能，学习自我反思、自我管理，同时帮助老师更好地了解学生的学习状态。

三个学习任务中的评价表都是过程性的评价表，是从一年级入学后一直坚持使用的，运用于识字、朗读、背诵等不同学习任务的评价表，能帮助学生在识字、读书、讨论、汇报展示、朗读背诵的过程中学习认真倾听、互相尊重、互助学习、合理表达，培养学生的合作学习能力。

在组织学生互相评价时，教师对同伴评价进行再评价提出指导意见，引导学生内化评价标准，根据评价尺度，在评价中学会评价。课堂中，教师要关注学生知识基础、认知过程、思维方式、态度情感等方面的表现，深入分析这些表现及影响因素，及时给予针对性的指导，促进学生核心素养的全面发展。

北京市门头沟区育园小学　郝娜

第二章

二年级单元整体作业创意设计

第一节

制作"小词典"

——二年级上册识字单元整体作业创意设计

第一部分 作业呈现

一、单元内容介绍

本单元是识字单元，由《场景歌》《树之歌》《拍手歌》《田家四季歌》和"语文园地二"组成。编者围绕大自然中的场景与事物，引导学生在不同的语境中识字学词。四篇课文大都以孩子们喜闻乐见的歌谣形式呈现，读起来朗朗上口，富有节奏感和音韵美。在培养学生自主识字能力上本单元凸显了识字形式的丰富多彩。

韵语识字，体现汉字音韵美的特点，适合低年级学生记忆并发展语言；字理识字，体现汉字的构字规律，引导学生在发现奥秘的过程中激发兴趣，特别是关注字与字之间的关系，渗透字族文识记的意识；归类事物识字，将识记字词与生活中的事物相联系，通过归类、对比、联系，在认识生字的同时，发展了思维；联系生活识字，通过看图片、联系生活中的经验等方式，突出体现在情境中学习语言文字；借助工具书识字，清晰呈现运用工具书的步骤，建立自主识字的意识，增强学生的学习成就感。

二、单元整体作业设计

（一）作业目标

1. 能够正确、流利地朗读本单元课文。借助恰当的方法识记、掌握单元中的认读字，会写字。

2. 初步形成自主识字的意识和能力，借助学习单梳理展示自己掌握的字、词、句，整理出一个属于自己的"小词典"手册。

（二）作业内容

同学们，你们在书店里一定见到过形形色色的字典、词典吧，它们是非常有用的工具书，能够帮助我们很快地解决一些疑问。不过，你知道大自然中也藏着小词典吗？我们身边的植物、动物、生活中你看到的场景、你参加的有趣的活动，它们的名字就藏着许多小秘密呢，如果你把它们收集整理出来，就能制作出一本专属于自己的有趣的词典呢，我们一起来试试吧！老师可以悄悄告诉你，如果你想要制作成功，先要发现秘密，再找出它们的规律，最后用生动有趣的形式展示出来，就一定会有惊喜哦！

（三）作业标准

1. 能够正确认识本单元的生字、词语，并能正确书写。

2. 能够正确、流利地朗读课文，感受课文中的画面美和韵律美，产生热爱大自然之情。

3. 能够根据自己的学习情况，设计制作自己的"小词典"，积累词句，并对"小词典"进行一定的装饰、设计。

4. 能够根据实际情况，运用恰当的方式识记生字，并有一定的自主识字意识。

第二部分 作业说明

一、为什么设计这个作业

统编教材在一、二年级共集中安排了六个独立的识字单元，但是识字单元的教学，需要跳出"只是为了识字""为了识字而识字"的窠臼，指向语文核心素养的发展。纵观这六个单元，一年级上册的两个识字单元重在认识象形字的构字特点和会意字的构字规律；一年级下册识字单元重在学会"加一加、减一减、换一换"等识字方法的综合运用以及了解形声字偏旁部件的意义联系；二年级上册的识字单元重在学习汉字从字到词到句的内在意义联系；二年级下册的识字单元重在了解识字的综合实践运用。这些关键知识指向的是可迁移的识字关键能力，而且它们相互关联，并不孤立。

除了纵向的联系，横向看这几个识字单元，也体现了识字教学的一致性和整体性，基本的编排思路都是引导学生先理解，再探究，最后运用，也就是先知道是什么，再明白怎么做，最后学会自己做，这是三个不同的认知水平。

走入本册的识字单元，一方面课文文本的可读性比较强，歌谣的形式朗朗上口，同时在选材上以身边的事物、场景为主，也贴近学生的生活。因此，设计以大自然的事物为主这样一个大的情境，可以让识字能力与学生的生活对接起来，发挥语用功能，指向语言的积累与运用。在具体形式上，通过"小词典"这种形式，一方面契合本单元学生初步开始学习的部首查字法，使这种方法的学习能更具趣味性，更重要的是在这一过程中去发现汉字的规律，指向学生思维的发展。最终，通过学习成果的展示与分享，使学生建立了学习的成就感，从而体会汉字的魅力，指向了对审美素养的陶冶以及汉字文化的传承。这样一份综合性的学习任务，体现了低年级学生在真实情境中提升素养和能力，这样的真实情境不仅关注与生活关联的真实性，还关注学生运用方法的真实性、思维能力的真实性。

二、怎样完成这个作业

任务一：认识大自然

活动1：制作场景卡

要想制作出自己的"小词典"，你先要了解身边的大自然，请你和小伙伴一起合作，读一读《场景歌》，找一找对应的场景图。一个读一读，一个指一指，互相配合，读完以后互相评价。

看到了这么多美丽的场景，你最喜欢哪一个呢？请你画出它，再给它写上名字，制作你自己的场景卡吧。

画：	画：
词语：	词语：

活动2：制作植物小词卡

1. 木字家庭人员多——我认识多少树呢？

你了解身边的树木吗？它们可是个大家庭。请你收集身边树木的名字，然后在班级中展示，把自己认识的树向大家一一介绍。也听听同学们的介绍，哪些是你认识的新朋友，可以把它们整理在一起，建议你把"新朋友"用特殊颜色标记出来，填进下面的图中，做成你的"小词卡"哦。

2. 小鸟是树木的朋友，树木是它们的家，有些树木的果实也是鸟儿美味的食物，快来帮小鸟找找它们的果实吧。看一看这些词卡，读一读这些树的名字，每读正确一个词语，果实就被鸟儿吃掉。全读正确了，鸟儿才能继续往前飞。

柏树　木棉　梧桐　柳树　杨树

松树　桦树　银杏　金桂　枇杷

快来试试，用上《新华字典》这个小助手，帮你解决这个难题吧。

3. 美读《树之歌》。

认识了这么多树的名字，回到美丽的《树之歌》，和你的伙伴一起读一读吧。

4. 写出树之美。

能读好歌谣，你一定也能写好关于树木的字，请你写一写"木字旁"的字，把它们做成词卡积累下来，注意这些字都是左窄右宽，你一定可以写得美观。

5. 设计"草字头"舞会。

认识了有趣的"木字旁"大家庭，相信你也发现了，"草字头"也有很多好朋友呢，快到这个单元中找一找，让它们围成一个圆圈，举行圆圈舞会吧。可以参考了解"木字旁"大家庭的方法哦。

提示：可以读一读《十二月花名歌》，整理它们的名字画成花环……

活动3：制作动物小词卡

1. 我认识的动物！

美丽的大自然中，除了花草树木，怎么能少了可爱的动物呢？同学们各自说说自己认识的动物，你在哪里见到过新奇的动物名字，可以把它剪下来，贴在下面，用它们的名字做成"小词卡"，和你的小伙伴读一读吧，要是能为词语配上对应的动物图就更好啦。

动物小词卡

2. 边读《拍手歌》边玩拍手游戏，找出课文中的八个动物吧。

3. 带上你的字典好朋友，找一找这三个字的部首吧——"雀、鹰、雁"。

要查的字	部首	除去部首有几画	字的页码	读音
雀				
鹰				
雁				

4. 快来看，动物游园会张贴了很多词卡装饰，请你读一读，读正确的就可以把它摘下来，收集到你的词卡册中。请你读一读，把你读正确的词语填充上

颜色，变成自己的小词卡。

动物	世界	新奇	孔雀	锦鸡	伙伴
雄鹰	飞翔	天空	丛林	深处	猛虎
黄鹂	百灵	熊猫	竹林	嬉戏	保护
朋友	拍手	不休	写字	大事	都有

5. 我写的字最美。

看看你收集的词卡中，"歌、丛、深处、六、熊猫、九、朋友"这几个字你一定能写好，选择你喜欢的两三个，把它写一写。

请你的小伙伴评价你写的字吧。

小伙伴姓名	书写正确	字体美观

活动4：制作农活介绍卡

1. 读读《田家四季歌》，感受农民们的劳动之美吧。小伙伴们互相读一读，评一评，谁能读出歌谣的节奏美。

2. 乡村田家一年四季都在劳动，看看它们做了哪些农活，读一读，画一画，选择你感兴趣的一两个了解，介绍给身边的朋友吧。

播种　插秧　耕田　采桑　除草　割麦　打谷　积肥

农活介绍卡

名称：

劳作的时间：

劳作的方法（可以写一两句话，也可以画出来）：

我的感受：

任务二：制作大自然"词语手册"

通过第一个任务，相信你一定积累了很多大自然的词卡，也一定认识了它们的名字，还能把它们写得美观漂亮。其实它们还藏着一些秘密，等着你去探索，相信你的大自然词语手册会更加丰富。

活动1：发现"一"的秘密

"一"的后面可以放什么呢？想一想，读一读，连一连。不认识的字，用部首查字法查好再读再连。

一（　）大树　　　块

一（　）稻田　　　只

一（　）石桥　　　片

一（　）翠竹　　　碗

一（　）海鸥　　　棵

一（　）米饭　　　串

一（　）钥匙　　　壶

一（　）开水　　　座

活动 2：动物们的小秘密

看看这些动物的名字，读一读，你发现它们在写法上有什么规律吗？看看下面的图，快来说说你发现的秘密吧。

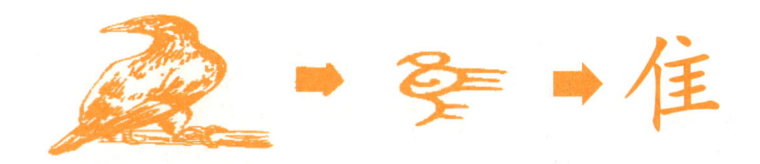

活动 3：树木也能做老师

爷爷在大树下给小男孩讲述了古老的故事，大自然一直都是人类的老师，读读下面的三句话，你知道它们告诉了我们什么吗？选择你最喜欢的一句，积累下来。

读一读，想想它们的意思。
◇ 十年树木，百年树人。
◇ 树高百尺，叶落归根(gēn)。
◇ 树无根不长，人无志不立。

任务三：分享我的"小词典"

在这一阶段的学习中，相信你一定积累了非常丰富的内容，你可以把自己参加的每一个活动剪切下来，装订整理在一起，设计一个美丽的封面。整理好以后在班级内进行展示，请同学们互相评一评，自己制作的大自然的"小词典"怎么样？夸一夸他人的优点，或者说一说自己的建议。

三、如何评价这个作业

学生制作个性化的"小词典"，通过下面的标准让学生反思学习成果。"内容"方面，看使用本单元字词、句子的数量。"书写"方面，观察字形结构。"设计"方面，绘制封面，进行适当的装饰。可以先让学生自我评价，再相互评价。

评价内容	具体标准	我的评分	我的收获
内　容	在这个单元中收获的内容，有字词，有句子。	☆☆☆	
书　写	能够正确书写，重点笔画写得美观，结构合理。	☆☆☆	
设　计	"小词典"有封面，有比较美观的装饰。	☆☆☆	

北京教育科学研究院基础教育研究中心　王薇

第二节

制作旅行手账
——二年级上册阅读单元整体作业创意设计

第一部分 作业呈现

一、单元内容简介

统编版小学语文教材二年级上册第四单元安排了《古诗二首》和《黄山奇石》《日月潭》《葡萄沟》四篇课文和"语文园地四"。本单元的内容至少有如下特点：

首先，人文主题与语文要素聚焦。本组课文内容贯穿今古，地域横跨祖国东西南北中，将课文中的一个个景点、一幅幅画面连成线、结成面，使得人们心中"美丽中国"的赞叹、热爱祖国的情感不禁油然而生。

本单元的语文要素是"结合上下文和生活实际了解词句的意思"，这是继一年级下册第三单元、第六单元学习了这一方法后的又一次编排，意在强化对这一方法的迁移运用。教材给学生搭建了理解词语和自主运用的平台，如《黄山奇石》中的"泡泡"提示了学生尝试联系生活了解"陡峭"的意思，在《葡萄沟》《日月潭》中，"五光十色""隐隐约约""朦胧""清晰"等词语需要学生运用"联系上下文""结合生活实际"的方法读懂意思。

"积累语言，运用阅读积累的语句表达"是本单元学习的又一重点，单元内几乎每篇课文的课后习题都设置了积累词句和运用语言的练习。在"积累"方面，习题编排的实施路径不同，既有围绕单元人文主题积累描写风景的词句要求，也有按构词规律进行积累的要求，还有的侧重对经典语言的积累。在"表达"方面，教材安排的练习路径有两个，一是与单元人文主题相关的运用描写风景的语句或句式进行表达，二是通过自成体系的留言条来表达。将"积累"与"表达"放在一起看，本单元引导学生从课文中积累词语、句式是为了能自主表达，提高书面表达能力。

其次，文中有画，利于想象。本单元中的几篇课文语言优美、文中有画。不管是"飞流直下三千尺"的瀑布、黄山石的奇特，还是葡头沟一大串一大串五光十色的葡萄、日月潭早晨中午的不同景色，甚至是葡萄沟神秘的阴房，都能让人读了文字，脑中立即画面连连。这是巩固本册第二单元"读句子想象画面"这一单元语文要素的好载体。

最后，学习要点间关联紧密，整体感强。本单元的人文主题、语文要素与积累、表达、想象这些学习要点关联紧密："结合上下文和生活实际了解词句的意思"有利于"想象画面"和"积累"；"积累"是为了更好地"表达"；在落实语文要素、根据文字想象画面、积累与表达的过程中，学生能更好地感受祖国山河的旖旎壮美，受到情感的熏陶，达成人文主题与语文要素的有机整合。

二、单元整体作业设计

（一）作业目标

1. 能在新语境中运用本单元中要求会写的生字。

2. 能在阅读中运用联系上下文或结合生活经验的方法了解不懂的词句的意思，读懂文章的内容，感受祖国美丽风光。

3. 能正确地运用在阅读中积累的词语和句式，用一两句话写一写某处的景物。

4. 乐于展示自己的作品，能主动讲述、交流阅读中旅行的见闻及感受。

5. 学习设计、整理，完成自己的旅行手账。

（二）作业内容

旅行让人快乐。足不出户跟着文章去旅行，依然可以走四方、看美景、赏风光。接下来一段时间里，我们就跟随本单元内容展开一次阅读旅行，把自己阅读中的收获和美好记录下来，做成旅行手账。能自己制作并与他人分享你的旅行手账，你一定会觉得小有成就、快乐满满的！

这本旅行手账是由图片和文字构成的。图片，可以用教材中的插图或自己搜集到的图片，还可以自己依文画图。文字，可以摘抄课文中的语句，可以仿写，还可以用上本单元积累的词句把看到的、想到的、感受到的内容记录下来。

（三）作业标准

1. 阅读中，能根据语言文字想象画面。

2. 能运用阅读中积累的词语、句式准确表达。

3. 能积极主动参与活动，乐于与他人分享、交流阅读旅行中的所见与感受。

4. 能设计、整理旅行手账。

第二部分
作业说明

一、为什么设计这个作业

"制作旅行手账"是本单元的长周期作业。设计这个作业的原因主要有以下两点：

（一）有利于学生核心素养的培养

《义务教育课程方案（2022年版）》明确强调了核心素养立意，"教师要以促进学生核心素养发展为出发点和落脚点"，"作业是培养与诊断核心素养的重要领域"。所以，课堂学习与作业共同构成了培养学生核心素养的有机体系。

如何培养学生的核心素养，《课标2022》指出了有效路径："义务教育语文课程培养的核心素养，是学生在积极的语文实践活动中积累、建构并在真实的语言运用情境中表现出来的，是文化自信和语言运用、思维能力、审美创造的综合体现。"这就意味着教学中，我们应追求在真实的情境任务中引导学生"用语文做事情"，使学生在运用语言文字的过程中发展素养。作业设计如同课堂学习一样，也应以学为中心、以素养为中心，即让学生"用语文去做事情"。

本单元的文章尽显风光美景，让人读后不禁想到"旅行"二字。"制作旅行手账"的单元整体作业任务与本单元文本的特点和学习重点恰切对接，且具有很强的实践性，有利于学生主动"用语文做事情"——既阅读又表达。另外，在整个单元的学习过程中，以"制作旅行手账"为任务驱动，以任务群的方式推进学习进程，避免了繁琐的分析讲解，使学生始终在解决问题的过程中主动学习、思考，能有效促进核心素养的落实。

（二）有利于减轻学习负担、提质增效

作业是指向学习目标达成的学生自主学习的过程，是促进学生学会学习的必要途径，作业也是落实"双减"政策的核心抓手。《义务教育课程方案（2022年版）》明确指出："提高作业设计质量，增强针对性，丰富类型，合理安排难度，有效减轻学生过重学业负担……"

"制作旅行手账"的单元整体作业是聚焦本单元的核心目标，融课堂学习、课堂作业、课后作业为一体的作业设计，是学生一体化的学习过程。这项作业设计努力使作业和课堂教学之间功能互补，形成呼应、衔接、互补与共同指向的局面，既力避了作业的重复、庞杂，又减轻了学生的学习负担。同时，在作业落实的过程中，也能实现运用、内化相关学习方法、学习策略，培养学生的

自我反思等元认知能力，培养学生善于钻研等学习品质，为本单元的学习提质增效。

二、怎样完成这个作业

"制作旅行手账"这项作业贯通了整个单元的课堂学习、课堂作业、课后作业和预习作业。学生在完成这一可视化成果的过程中，通过师生学习、生生学习和独立学习，落实本单元的读与写的目标。这一整体性作业任务可以拆解为三个子任务，按照以下过程实施：

任务一： 识字与写字（连读课文，初识旅游地）

活动1：欣赏手账，明确单元整体任务

1. 赏"手账"，激趣感知。

我们都喜欢旅行。旅行中可以看到美景风光、获得各种感受，可以经历许多难忘的事……很多人都愿意用旅行手账把旅游中的美好经历记录下来。看，这是老师做的旅行手账，你们觉得做得怎么样？旅行手账里可以有哪些内容？（课件展示旅行手账作品。）

2. 布置任务，明确目标。

把自己旅行中看到的美景、有趣的事、想法等用图和文字的形式记录下来，就可以做成旅行手账，留下美好的回忆。在这一单元的学习中，我们就跟着文章去旅行，根据文章内容制作旅行手账。

比一比，看谁做的旅行手账中既有美景图，又能用上在课文中积累的词语或句子，把看到的美景和自己的各种感受都写下来。

活动2：读文画写，初识景点

1. 自由读本单元课文，读准字音，读通句子。

2. 学生自主画路线，读句写字。

课堂作业：

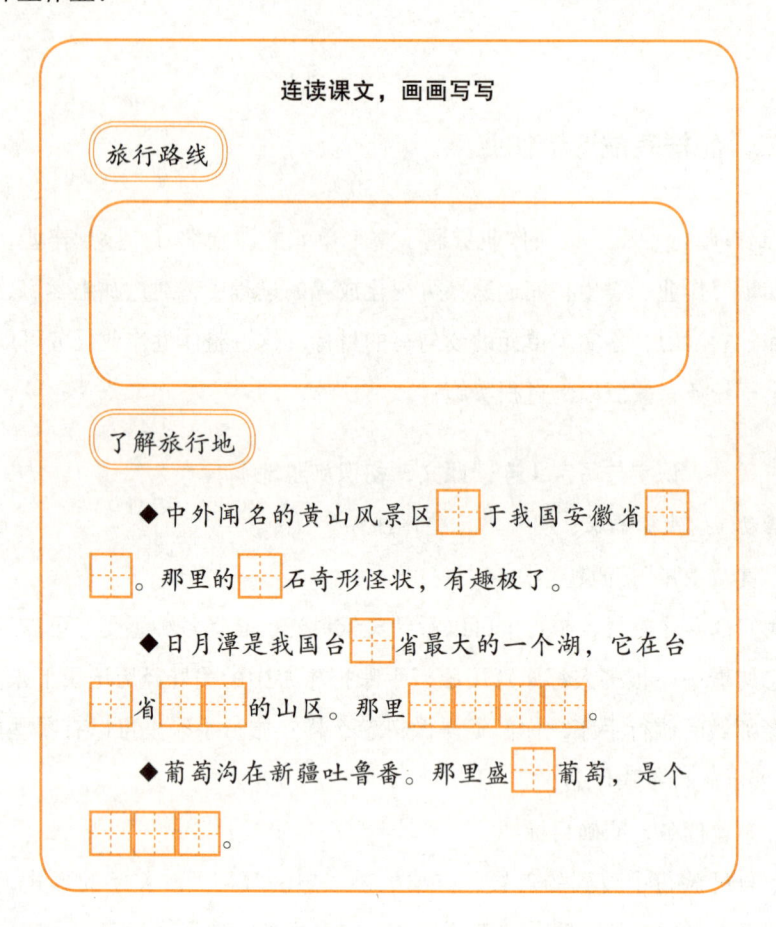

连读课文，画画写写

旅行路线

了解旅行地

◆ 中外闻名的黄山风景区□□于我国安徽省□□。那里的□石奇形怪状，有趣极了。

◆ 日月潭是我国台□省最大的一个湖，它在台□省□□的山区。那里□□□□□。

◆ 葡萄沟在新疆吐鲁番。那里盛□葡萄，是个□□□。

课后作业：

我们跟着这个单元的课文去哪里旅行？那里的景色什么样儿？把文章读给家人听。

任务二：阅读与鉴赏（配画配文，制作旅行手账）

● 打样引路，学习制作游庐山瀑布、鹳雀楼旅行手账

活动1：读《古诗二首》，据诗配画

读古诗《登鹳雀楼》《望庐山瀑布》，根据这两首诗画画（选画）并说明理由。可以在手账中简单画出来，或者选择合适的图片贴在旅行手账中。

活动2：为画配诗，背诵古诗

把古诗配在画的旁边，让旅行手账图文并茂。

课堂作业：

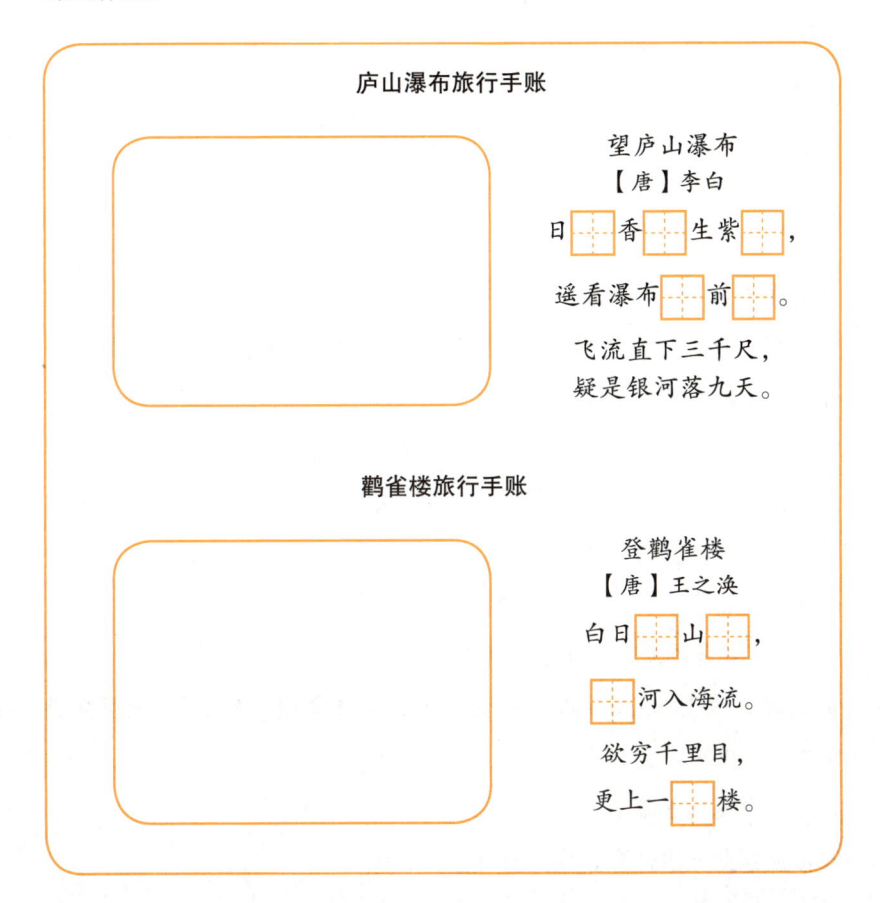

庐山瀑布旅行手账

望庐山瀑布
【唐】李白
日□□香□□生紫□□，
遥看瀑布□□前□□。
飞流直下三千尺，
疑是银河落九天。

鹳雀楼旅行手账

登鹳雀楼
【唐】王之涣
白日□□山□□，
□□河入海流。
欲穷千里目，
更上一□□楼。

活动3：自由表达，自主完善

旅行手账与众不同才有意思。看了庐山瀑布、登上鹳雀楼之后，你一定有很多话想说，那就把你想说的话也写在旅行手账里吧。

课堂作业：

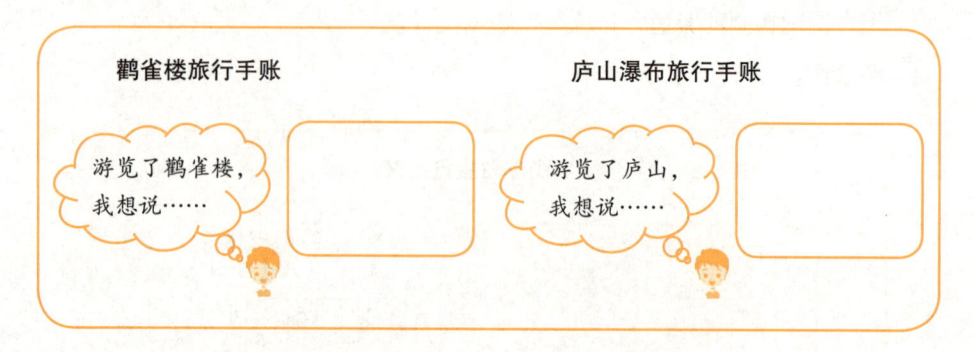

鹳雀楼旅行手账	庐山瀑布旅行手账
游览了鹳雀楼，我想说……	游览了庐山，我想说……

课后作业：

1. 给家长背一背《望庐山瀑布》《登鹳雀楼》。跟家长分享自己制作的"庐山瀑布旅行手账"和"鹳雀楼旅行手账"，听听家长的建议。（必做）

2. 关于庐山瀑布或者鹳雀楼，你还想知道什么？可以问一问、查一查，把你知道的内容、图片等补充到你的旅行手账中。比一比，看谁能制作出与众不同的游庐山、鹳雀楼旅行手账。（选做）

- 读《黄山奇石》，初步尝试制作"黄山旅行手账"

活动1：赏评作业，明确评价目标

1. 欣赏展示"庐山瀑布旅行手账"和"鹳雀楼旅行手账"，全班交流：你觉得谁做的手账好？为什么？

在全班交流的基础上，师生共同总结作业评价标准。

2. 依据作业评价标准，生生互评、自评。

活动2：读课文，图片、名字对对碰

布置新任务：制作"黄山旅行手账"。

"仙桃石""猴子观海""金鸡叫天都""仙人指路"的石头什么样儿？请你们从老师提供的图片中选选图，让"图片、名字对对碰"，看谁不仅能选得准、贴得快，还能从课文中找到依据，说清楚为什么这么选。

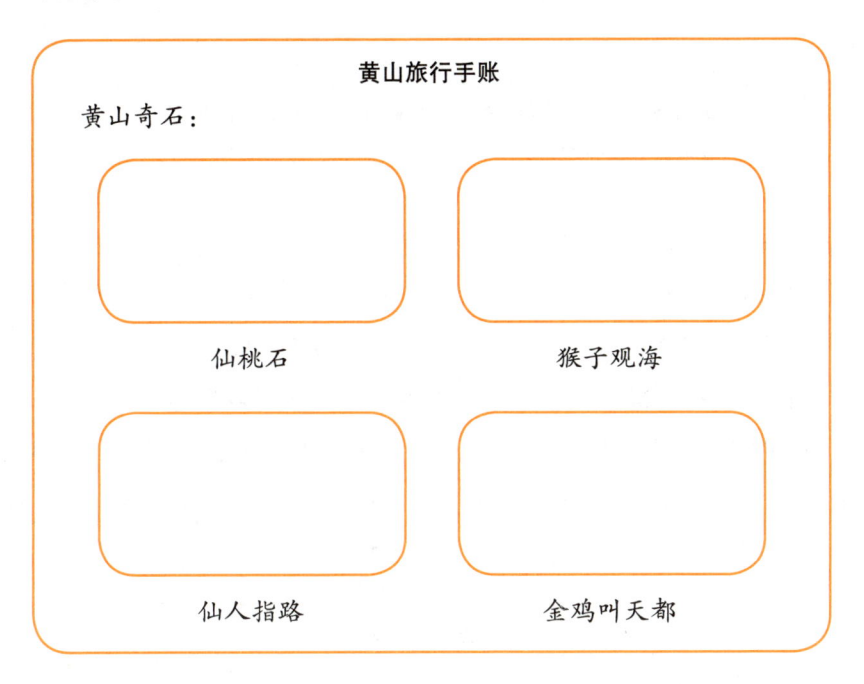

课堂作业：

```
黄山旅行手账
黄山奇石：

    仙桃石           猴子观海

    仙人指路         金鸡叫天都
```

活动3：起名字，写样子

请你选择最喜欢的一块石头，给它起个好听的名字，然后用上"好像""真像"写一写它们什么样儿。比一比谁写得最有趣、最神奇。如果你能用上学过的词语和句式就更棒了！

课堂作业：

```
黄山旅行手账
黄山奇石：
_____
_____
_____
```

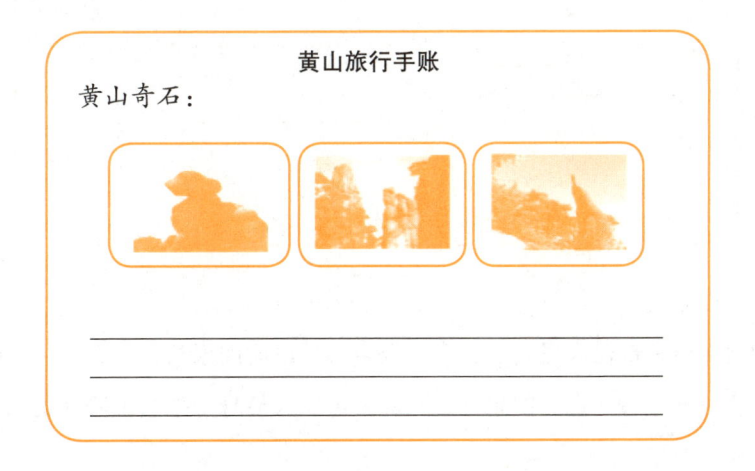

学习支架：

> 读一读，选一选，用一用。
> ◆ 词语：陡峭、一动不动、金光闪闪、著名、闻名……
> ◆ 句式：……好像……，……真像……

活动 4：自主选择，依据名字写样子

课堂作业：

有命名的黄山奇石有 120 多块，有"天狗望月""狮子抢球""仙女弹琴"，还有"梦笔生花""鳌鱼驮金龟""仙人晒靴""仙女绣花"等。挑战自己，依据文字，配图、配文，至少让其中的三块奇石也加入到你的"黄山旅行手账"中来。（用图＋文字的形式；写（说）奇石的样子时能用上学过的词语，如用上"……好像……""……真像……"等句式。）

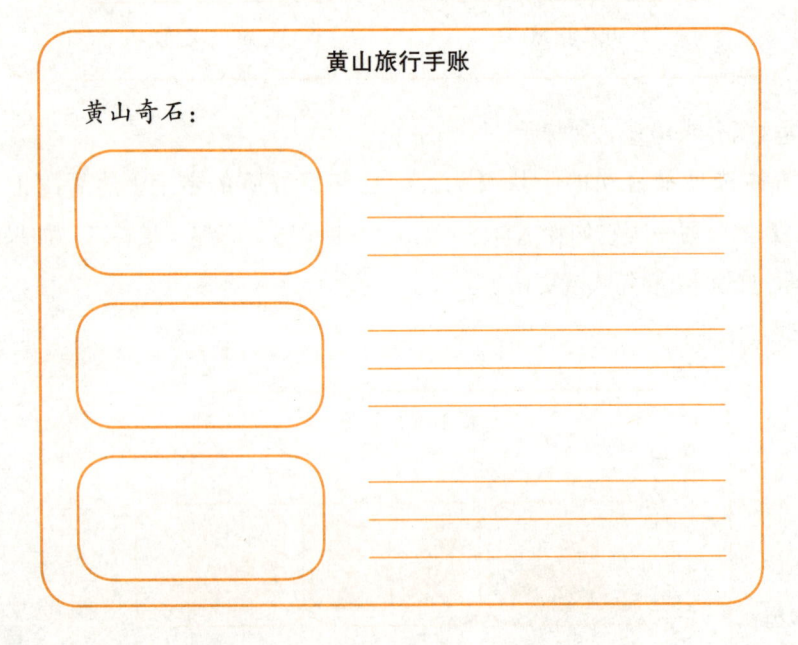

黄山旅行手账

黄山奇石：

课后作业：

黄山四绝是奇松、怪石、云海、温泉。可以问问家长，或者在家长的帮助下上网查一查、看一看。如果你感兴趣，可以大显身手把黄山四绝也加入到你

的旅行手账中来，让你的"黄山旅行手账"与众不同。（选作）

● 读《日月潭》《葡萄沟》，独立制作"日月潭旅行手账""葡萄沟旅行手账"

活动1：对照标准，展示赏评

1. 全班展示2～3份"黄山旅行手账"，对接作业评价标准，全班赏评。

2. 分组展示"黄山旅行手账"，互赏互评。

活动2：依据课文，自主设计旅行手账（课堂预习作业）

1. 请你根据课文《日月潭》，用"图+文字"的形式设计出"日月潭一日游旅行手账"。（游哪里？能看到什么样的景色？）

2. 请你根据课文《葡萄沟》，用"图+文字"的形式制作出"葡萄沟旅行手账"来为葡萄沟代言，让人看了你的旅行手账就喜欢上葡萄沟这个地方。

活动3：借助预习成果，引导深入阅读（课堂学习）

1. 反馈展示作品，对接作业评价标准评议。

重点引导学生说出自己为什么这样画、为什么这样写。

2. 因需再教，深入学习，读懂内容。

课后作业：

自主修改完善"日月潭一日游旅行手账"和"葡萄沟旅行手账"。

● 大显身手，迁移制作"××旅行手账"

课后作业：

自主阅读《画家乡》或自主选择你最喜欢（熟悉）的地方，请你制作"××旅行手账"。比一比，看谁制作的手账图文并茂，而且还能用上积累过的词句表达。

任务三：表达与交流（赏评手账，分享旅行之乐）

咱们带着一年级小朋友进行一场独特的旅行，让他们一边欣赏你的旅行手账，一边听你介绍旅行中的所见、所闻、所感，看谁能让小朋友看到美景、有旅行收获。

三、如何评价这个作业

制定"制作旅行手账"作业标准的目的是促进学生学习和发展。这一作业标准着眼于"语言运用""思维能力"和"审美创造",使学生在落实目标的过程中潜移默化地增强"文化自信",使学生的核心素养得到培养。同时,该作业标准紧密对接单元的学习目标,通过学生制作的"旅行手账"来检验学生"学到了什么",以及学习目标的达成情况。

单元整体作业评价单如下:

素养类型	评价维度	具体表现 ☆☆☆	☆☆	☆	评一评,画星星 自评	互评
思维能力	图(配图)	1.配图与文中语言文字描绘的情景完全一致。2.本单元内的每篇文章均能根据语言文字配图三幅以上。3.能阅读课外的文章,根据语言文字配图。	1.配图与文中语言文字描绘的情景大体一致,有一二处不太符合。2.能给本单元中的课文配图。	1.配图与文中语言文字描绘的情景基本一致,有三四处不太符合。2.能选择一篇课文配图。		
语言运用	文(写句子)	1.能为每个旅行地写话。2.能写两三句话,能主动运用在本单元阅读中积累的词语和句式(两处及以上)。	1.能为本单元中的旅行景点写话。2.能仿写句子(比喻句)。	能摘抄文章中的语句。		

续表

素养类型	评价维度	具体表现			评一评，画星星	
		☆☆☆	☆☆	☆	自评	互评
审美创造	设计整理旅行手账	1.能积极主动地设计、整理作品。2.作品图文并茂，制作有创意。3.有目录和封面设计。	1.能设计、整理作品。2.作品图文并茂。	能归类成册。		

教学中，"图""文"两个维度是评价重点，既评价学生对本单元课文学习目标的达成度，又评价学生能否迁移运用，是否具备了"带得走"的能力。

对作业标准内容的理解是有效评价的基础。低年级学生年龄小，更需要教师引导学生理解标准。例如学习《古诗二首》，师生共同制作出旅行手账后，教师利用课堂时间组织学生赏评作品，在评议交流中使学生明白什么样的手账才是高质量的，在此基础上水到渠成地揭示该作业的评价标准，使学生清晰地理解各项评价指标的意思、明确作业的目标和方向，为后一阶段更有效地学习奠定基础。

作业标准应运用于整个学习过程中，以促进学生学习。其中，过程性评价不可忽视，它有助于教与学的及时改进。做好作业反馈、评改是实现评价贯通、进行过程性评价的有效路径，因为作业反馈不仅能为学生提供评价的机会，而且作业标准能成为有效学习支架，助推学生深入学习。例如，学生每读完一篇文章、做出旅行手账后，就组织学生依照该作业标准赏评学生作品，对成果进行反馈评价。在赏评中，学生能不断地反思自己的学习情况，知道自己前期学习的效果，教师亦能利用评价过程和结果发现学生前期学习中的共性问题，这样，师生才能适切地改进后期学习活动、提升作业完成的质量。

使用这一作业标准时，还应引导学生开展自我评价和相互评价。自评与互评相结合，才能更为客观、全面地反映出学生学习的质效。

北京教育学院丰台分院　刘玉娟

第三节

讲述神奇的汉字故事
—— 二年级下册识字单元整体作业创意设计

第一部分 作业呈现

一、单元内容简介

二年级下册第三单元是识字单元，围绕"传统文化"主题编排了《神州谣》《传统节日》《"贝"的故事》《中国美食》四篇课文。课文形式活泼，以浅显的韵文为主，易读易记，内容丰富，便于引导学生在不同的语境中识字学词，激发儿童的识字兴趣，感受中华优秀传统文化。

本单元的生字大部分是形声字，识字写字训练要素是"利用韵语、形旁与字义的联系、借助图片识字，初步感受汉字的魅力"。教材在课文和"语文园地三"中设计了多个维度的训练：在《"贝"的故事》课后练习中，看图猜加点字的偏旁与什么有关；在"语文园地三"的"字词句运用"栏目中，运用形声字的构字特点猜字的意思，再查字典验证；在《中国美食》课后练习中，用部首查字法查字典，发现带"火"和"灬"的字多与"火"有关；在"语文园地三"的"我的发现"栏目中，发现带"心"和"忄"的字多与"心理、情感"有关，带"刀"和"刂"的多与"刀或切割"有关。这些维度多样、联系紧密的训练和习题，体现了不同层次之间识字教学的衔接与发展。

另外，从本册教材整体来看，在不同板块也编排了对形声字的特点的教学任务，比如教材第 52 页带"月"字旁的字，"语文园地五"的"识字加油站"中带"厂"和"穴"字旁的字，以及"语文园地八"的"我的发现"中区分"氵"和"冫"以及"衤"和"礻"等。这些内容都指向了形声字的构字规律。

因此，本作业设计将以上要点进行整合，以"讲述神奇的汉字故事"为整体学习情境，通过"汉字奥秘大发现""汉字规律巧运用""汉字故事我来讲"三个任务引导学生发现形声字的构字规律，建立生字音、形、义之间的联系，并尝试运用规律自主识字。在这一过程中引导学生不断发现汉字的奥秘，并在感受识字乐趣的同时，激发学生对中华传统文化的热爱。

二、单元整体作业设计

（一）作业目标

1.能借助形旁猜测字音、字义，并查字典验证，有主动识字、写字的愿望。

2.能利用韵语、形旁与字义的联系、借助图片等方法识字，初步感受汉字的魅力。

3.能利用形声字的特点创编汉字的故事，并从容、自信地和他人交流分享。

4.观察字形，体会汉字部件之间的关系，梳理学过的字，感知汉字与生活的联系，感受中华优秀传统文化。

（二）作业内容

同学们，经过一年多的学习，你一定认识了很多汉字！二年级要举办"神奇的汉字"故事会活动啦，你可以任选一个汉字讲一讲和它有关的内容，看谁的故事内容更丰富，讲得更生动。

为了让你讲述的故事更精彩，你可以在"汉字奥秘大发现"中寻找汉字的一些规律，在"汉字规律巧运用"中感受识字的乐趣，相信这些都会为你创编汉字故事提供很多灵感。快来参与吧！

（三）作业标准

1. 能按要求独立完成学习单，书写认真、工整，体现探究过程。

2. 能流畅、生动地讲述自己创编的汉字故事，态度自然大方，表达比较吸引人。

3. 在"神奇的汉字"故事会召开过程中，能认真倾听他人的讲述，了解相关内容，并礼貌致意。

第二部分
作业说明

一、为什么设计这个作业

（一）落实课标要求，发展核心素养

《课标2022》在第一学段目标中明确提出"观察字形，体会汉字部件之间的关系。梳理学过的字，感知汉字与生活的联系"这一要求，其中"观察""体会""梳理""感知"这四个关键词可以为识字教学搭建路径，本作业设计也着力体现这一策略——学生在识字、写字中感受汉字之美，培养文化自信；在观察、比较中发现、梳理、概括构字规律，训练思维能力；最后将自己感受到的汉字之美、之神奇通过创编故事的形式进行表达，以培养语言运用能力。

（二）关注教材编排，着眼语文要素

识字、写字是小学语文教学重点内容之一，是阅读、写话、习作的基础。到二年级下学期，学生识字总量应达到1600字，并积累多种识字方法。学生在整个小学教育阶段要求掌握的识字方法主要有拼音识字、字理识字、生活识字、组词识字、归类识字、猜测识字等，主要在第一学段完成学习，这为中高

年级顺利完成识字及读写任务奠定了良好的基础。

因此，二年级下册第三单元作为整套教材的最后一个识字单元，十分重视培养学生自主识字的能力。在一年级对汉字的偏旁、结构、构字原理有了初步了解的基础上，针对二年级合体字增多的情况，进一步强化了形声字形旁表义、声旁表音规律的教学，并充分利用这些规律，引导学生大胆地猜读生字、自主学习课文，促进自身的思维发展，激发其对祖国语言文字的热爱。

（三）响应"双减"政策，提高作业实效

《北京市关于进一步减轻义务教育阶段学生作业负担和校外培训负担的措施》中明确指出"小学一、二年级不布置家庭书面作业，可在校内适当安排巩固练习"，提倡符合学生年龄特点、学习规律、体现素质教育导向的作业设计。因此，根据二年级学生的认知和学习特点，本作业设计没有过多涉及课外内容，而是立足教材，将整册书中部分识字教学内容进行整合，创设"'神奇的汉字'故事会"这一学习情境，以简洁、易懂、易操作的形式，引导学生通过从书中找汉字、独立观察发现特点、制作阅读卡、讲述汉字故事等融基础性与挑战性为一体的学习任务，加深对形声字特点的理解，在自主、合作、探究的学习过程中体会语言文字的特点和运用规律，激发他们的识字兴趣和对中华优秀传统文化的热爱。

二、怎样完成这个作业

任务一： 汉字奥秘大发现

要想把神奇的汉字故事讲好，就要先想一想汉字有什么神奇之处呢？其中隐藏着什么奥秘呢？相信你完成下面的任务之后，一定会有神奇的发现！

活动1：寻找书中的"火"与"灬"

通过对《中国美食》这一课的学习，我们知道了带"火"和"灬"的字多与"火"有关。生活中还有哪些带"火"和"灬"的字呢？快从本册识字表和写字表中找到它们，用你工整、漂亮的字迹分类抄写在田字格中吧。

学习单1：

1. 从本册识字表、生字表中找出带有"火"和"灬"的字，抄写在田字格里。

（1）带"火"：
（2）带"灬"：

2. 从上面任意选择两个字组成一个词语，说说词语的意思。

3. 和同学说一说你的发现。

活动2：发现汉字中的奥秘

经过一年多的语文学习，相信你一定认识了很多汉字！细心观察，用心思考，你一定还能发现汉字中藏着的奥秘。快来试一试吧！

学习单2：

1. 下面加点字的部首是什么？先连一连，然后想一想部首和词语的意思有什么联系。

铜镜钢铁	王		厨房车厢	氵
珠宝珍贵	月		窟窿窄小	木
惊慌害怕	刂		神仙祝福	礻
愤怒悲伤	钅		袜子衬衫	冫
剪子切断	刀		冰冷凉水	衤
刀剑刺骨	忄		海洋雨滴	厂
胳膊手臂	心		梅花松树	穴

2. 看来很多汉字的意思和它的部首密切相关！和同学交流一下你的想法，把你们的发现记录下来吧！

我发现：

带"王"字旁的字大都和（　　）有关；

带"月"字旁的字大都和（　　）有关；

带"钅"字旁的字大都和（　　）有关；

带"心""忄"字旁的字大都和（　　）有关；

带"氵"字旁的字大都和（　　）有关；

带"冫"字旁的字大都和（　　）有关；

带"衤"字旁的字大都和（　　）有关；

带（　　）字旁的字大都和"房屋""处所"有关；

带（　　）字旁的字大都和"神""祈福"有关；

带（　　）字旁的字大都和"孔""洞穴"有关；

带（　　）（　　）字旁的字大都和"刀刃""分割"有关；

带（　　）字旁的字大都和（　　）有关。

3. 标出下面每组字的读音，同桌互相读一读，分享你们的发现。

（　　）（　　）（　　）　　（　　）（　　）（　　）
　同　　铜　　桐　　　　羊　　洋　　样

（　　）（　　）（　　）　　（　　）（　　）（　　）
　前　　剪　　箭　　　　每　　梅　　海

此项内容指向对汉字的梳理和规律的发现，包含两个学习活动。活动1可以在学习《中国美食》一课之后完成，通过对课文的学习，学生能够了解带有"火"和"灬"的字多与"火"有关。带着这个发现，让学生独立完成学习单1，验证这一发现的正确性，同时进行识字积累，为后续学习作准备。

活动2将整册教材中部分相关内容进行整合，重在梳理与发现形声字"形旁表意，声旁表音"的规律。教学中可以按照教材顺序，在学习完"语文园地八"之后完成学习单 2，也可以重新安排教学顺序，将相关内容整合学习后完成学习单 2。

教学中，除了完成学习单，还可以根据学生识字情况进行相应拓展，让他们说一说自己认识的相关汉字。比如在教学带"心"和"忄"的字时，可以让学生说一说"你还知道哪些带'心'或'忄'的字？"学生可能会说到"感、愤、思、忧"等字，既扩大了识字量，同时也能更好地说明带"心"和"忄"的字多与"心理、情感"有关。

任务二： 汉字规律巧运用

通过上面的任务，你一定发现了汉字音、形、义之间的联系，多神奇啊！这个重大的发现为讲好汉字的故事提供了很大的帮助吧？但仅仅发现规律还不够，快完成下面的任务，检验一下自己是不是会运用了呢？

活动1：小试身手——字音字形我会猜

通过认真地观察，同学们发现了汉字中隐藏的奥秘，你们真了不起！现在就到了你们大显身手的时候了，快来把你们发现的规律尝试着运用一下吧！

学习单 3：

1. 猜猜下面字的读音，查字典验证一下，看自己猜对了吗？

字	猜读音	正确读音
焙		
剂		
芥		
恨		
洌		
肢		
窝		

2. 选一选，连一连。

灿	拦
围	烂
阻	栏

赔	同
陪	养
培	礼

慌	野
谎	言
荒	惊

活动2：独具慧眼——正确汉字我来找

掌握了汉字规律有时候可以推测出不认识字的读音，还可以避免自己写错字，真是太棒了！现在就请你睁大眼睛，开始下一个挑战吧！

学习单4：

读一读《小雪花》这个故事，根据你发现的汉字规律选择括号里正确的字，画上"√"。另外，文中还有五个错字你发现了吗？快圈出来，按顺序改在下面的横线上吧！

小雪花

下雪了，天寒冷级了。

小雪花（带　戴）着亮晶晶的六角帽，穿着白大衣，迎着狂风，在空中旋转着。她站胜了北风大汉的严厉阻拦，飞到了田野、森林、高山、诚市……

瞧，田野里的麦苗在北风的咆（笑　哮）中哆嗦着，（冻　动）得蜷缩着弱小的身躯。小雪花温柔地拥抱了她："小麦苗，小麦苗，我给你送棉被来了。"

小麦苗（躺　淌）下了激动的泪珠："谢谢您，亲爱的小雪花，您总是在我需要的时候带来温暖。"一会儿，小麦苗盖上了雪白的棉被，又厚又软，她甜甜地睡着了。

小雪花又开始飞（祥　翔），她又像很远很远的地方飞去。

改正：_____

此项内容指向对形声字特点的运用，包含两个学习活动。活动1重在体现"借助形旁猜测字音，并查字典验证，激发学生识字兴趣"，可以在学习进程过半或整册教材学完之后进行。学生在完成学习单3的同时，可以交流自己猜字音的理由，最后总结出"形旁表意，声旁表音"的规律。

活动2（学习单4）要求学生从一篇短文中找到五个错别字，还要结合具体情境选择正确的字，是学生对所掌握规律的综合运用。可以让学生独立完成后进行交流，交流中要说清理由。即使没有完全做对，教师也要给予鼓励，并让学生说一说自己的收获。

任务三：汉字故事我来讲

看来同学们都能够把自己发现的规律巧妙地运用了，下面就进入正式的讲故事阶段了。你们打算讲哪个汉字的故事呢？讲些什么内容呢？在讲故事之前还要准备些什么呢？开动脑筋，按照下面的提示开始操作吧！

活动1：制作汉字阅读卡

在汉字王国里，很多汉字都有着属于自己的故事。二年级的豆豆同学在读完《"贝"的故事》之后制作了一张阅读卡，来帮助自己了解"贝"的故事。你也可以用这种方式来制作一张"水""火""目"等字的阅读卡，快开动脑筋想一想吧！当然别的汉字也可以哦！（如果需要查阅资料，可以请同学、老师、爸爸、妈妈帮忙。）

学习单5：

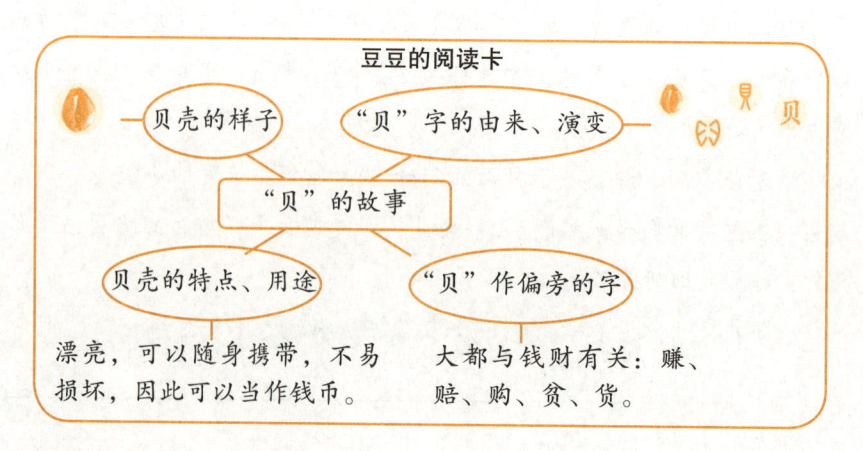

豆豆的阅读卡

"贝"的故事
- 贝壳的样子
- "贝"字的由来、演变
- 贝壳的特点、用途：漂亮，可以随身携带，不易损坏，因此可以当作钱币。
- "贝"作偏旁的字：大都与钱财有关：赚、赔、购、贫、货。

_____的阅读卡

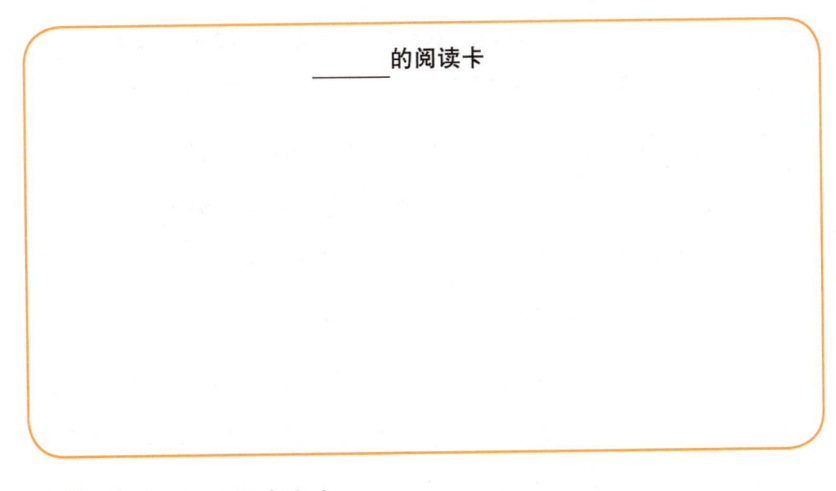

活动2：梳理汉字故事内容

制作阅读卡可以帮助我们梳理出汉字故事中的关键信息，真是一个好方法！除了了解汉字的由来、演变、特点，要讲好汉字故事还需要准备些什么呢？可以讲哪些内容呢？先自己想一想，再听听同学们的想法，记录在下面的学习单上吧！

学习单6：

我想讲的汉字是（　　），
我想讲它的：
1.
2.
3.

我还要做这些准备工作：
1.
2.
3.

活动3：讲述神奇的汉字故事

通过这一系列的学习活动，你一定对讲好汉字故事胸有成竹了！当然，故事讲得流畅、生动，同学们才爱听。你可以先把汉字故事写下来，然后读给同桌听。听听同学们的建议，再修改完善一下，最后在班级故事会中跟全班同学分享吧！

此项内容包含三个学习活动，其中前两个活动是最后一个活动的准备，帮助学生梳理出可以讲什么、怎么讲。其中学习单 5 先用思维导图的形式展示了"豆豆的阅读卡",让学生体会到制作阅读卡可以将故事的主要内容进行梳理,相当于高年级的"列提纲",给学生以借鉴,然后鼓励他们自己制作阅读卡。

学习单 6 更加开放,引导学生通过独立思考、同桌交流等,确定自己要讲哪个字的故事,要讲关于这个字的什么内容,以及要做哪些准备工作。在交流中碰撞出思维的火花,为讲好故事作最后的准备。

最后一个学习活动指向语言的表达,学生需要先把自己的汉字故事写下来,交流、修改之后,在全班分享——"神奇的汉字"故事会。在创编故事之前,建议先引导学生回忆之前的一系列学习活动,说一说自己的收获。学生创编的故事不限篇幅,但要注意从不同方面介绍某个汉字,以及语言表达的流畅。最后的班级故事会,每个学生都是评委,可以依据共同商定的评价标准进行评价,从不同维度评选出"最佳故事奖""最具表现力奖""最具创意奖"等。

三、如何评价这个作业

根据课程目标中对第一学段提出的要求,参考学业质量评价标准,可以从"识字与写字""梳理与探究""阅读与鉴赏""表达与交流"四个维度对本次作业进行星级评价。在学生完成本单元作业的过程中,可以逐步形成对评价标准的统一认知,也可以结合下表分阶段开展过程性的多元评价。

评价维度	评价标准	自己评	同学评	老师评
识字与写字	1. 能利用汉字音、形、义之间的联系尝试自主识字,有识字、写字的愿望。 2. 独立、认真完成学习单,书写工整,正确率较高。	☆☆☆	☆☆☆	☆☆☆

续 表

评价维度	评价标准	自己评	同学评	老师评
梳理与探究	1. 能通过自己的梳理与思考，在观察、猜测、验证中探索汉字部件之间的关系，乐于与同伴分享自己的发现。 2. 能在自己思考、听取他人合理建议后，从不同方面介绍某个汉字，让别人对这个汉字有新的了解。	☆☆☆	☆☆☆	☆☆☆
阅读与鉴赏	1. 喜欢学习汉字，对祖国的语言文字有探究的欲望。 2. 能从他人讲述的汉字故事中得到更多启发，感受传统文化的魅力。	☆☆☆	☆☆☆	☆☆☆
表达与交流	1. 能完整、流畅地讲述汉字故事，态度自然大方、自信从容，表达比较吸引人。 2. 能认真倾听他人讲述的汉字故事，了解相关内容，并礼貌致意。	☆☆☆	☆☆☆	☆☆☆

北京市丰台区第一小学　张琦

第四节

写想象故事

——二年级下册阅读单元整体作业创意设计

第一部分 作业呈现

一、单元内容简介

统编版小学语文教材二年级下册第四单元以"童心"为主题，编排了《彩色的梦》《枫树上的喜鹊》《沙滩上的童话》《我是一只小虫子》四篇课文。这些课文都以第一人称来写，内容富有童心童趣，且充满了丰富的想象。"语文园地"的"字词句运用"栏目要求学生仿照提供的句式，借助泡泡提示展开想象说句子；"写话"栏目引导学生看图发挥想象，借助词语按时间顺序写话。这些内容，都旨在培养学生丰富的想象能力和语言运用能力。这也意味着，学生的文学感受与创意表达都与"想象"直接相关。本单元以召开"发布我的想象故事"为总任务，引导学生结合文本以及《小猪变形记》整本书阅读，通过"我是作品发言人""作家想象大揭秘""我会'有序'写想象""想象故事发布会"四个任务进行阅读与表达，使学生在语言实践中实现对语言的感受与运用，从而激发学生沉浸在文学阅读与表达活动之中的积极性。

二、单元整体作业设计

（一）作业目标

1. 能在阅读过程中主动学习、积累汉字，尝试借助文本情境，正确、规范地书写生字和词语。

2. 能借助具体的语言情境，用口头或图文等方式表达自己感兴趣的内容和想法，态度自然大方，有礼貌。

3. 能根据情境联想想象，探究作者想象的秘密，通过完成仿写、讲故事、创作故事、分享故事等任务，进行积累、梳理和整合，形成个体的语言经验。

4. 能在系列活动中不断明确创编故事的标准，并依据标准讲好故事。

（二）作业内容

为了实现上述作业目标，我们以班级要召开一次"发布我的想象故事"为日常生活情境设计整体的读写活动，其中包括"我是作品发言人"（识字与写字、阅读与鉴赏）、"作家想象大揭秘"（梳理与探究）、"我会'有序'写想象"（表达与交流），并最终召开"想象故事发布会"（表达与交流）。

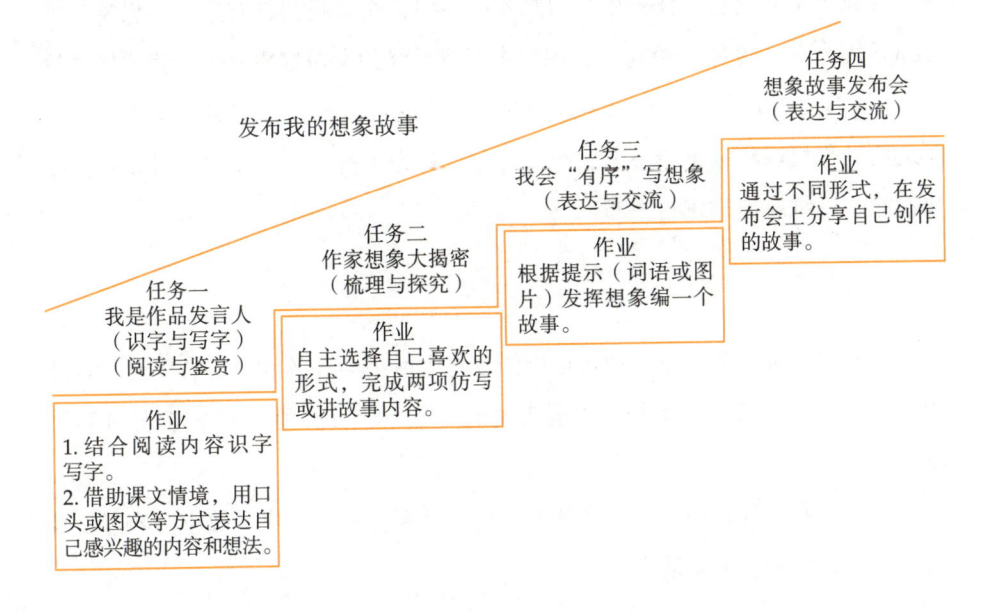

发布我的想象故事

任务一
我是作品发言人
（识字与写字）
（阅读与鉴赏）

作业
1. 结合阅读内容识字写字。
2. 借助课文情境，用口头或图文等方式表达自己感兴趣的内容和想法。

任务二
作家想象大揭秘
（梳理与探究）

作业
自主选择自己喜欢的形式，完成两项仿写或讲故事内容。

任务三
我会"有序"写想象
（表达与交流）

作业
根据提示（词语或图片）发挥想象编一个故事。

任务四
想象故事发布会
（表达与交流）

作业
通过不同形式，在发布会上分享自己创作的故事。

其中，具体的学习任务如下：

学习活动	具体学习任务
我是作品发言人 （识字与写字、 阅读与鉴赏）	1. 尝试借助文本情境，正确、规范地书写生字和词语。 2. 阅读《彩色的梦》《枫树上的喜鹊》《我是一只小虫子》三篇课文，借助文中具体的语言情境，用口头或图文等方式表达自己感兴趣的内容和想法。
作家想象大揭秘 （梳理与探究）	1. 探索《彩色的梦》《枫树上的喜鹊》《我是一只小虫子》三篇课文中作者"有序"想象的秘密——方位有序、先后有序、调动感官有序，自主选择完成两项仿写任务，并展示自己的作品。 2. 通过读《小猪变形记》前半部分内容，展开想象，想一想后面会发生什么，感受想象的丰富，并进行交流。
我会"有序"写想象 （表达与交流）	根据提示（词语或图片）发挥想象编故事。
想象故事发布会 （表达与交流）	通过录音、文配画、现场讲述等方式讲述自己创作的小故事，乐于向他人分享自己的成果。

本单元围绕"发布我的想象故事"这一任务，以"想象故事发布会"为最终活动形式。学习过程中，学生在"我是作品发言人"任务中感受想象乐趣，在"作家想象大揭秘"任务中学习想象的妙招，在"我会'有序'写想象"中尝试运用，在"感受—探究—运用"中形成最终的学习成果——"我的想象故事"。本单元的成果呈现形式是多样的，学生既可以把自己的想象故事讲给同学们听，也可以将故事录下来，配上音乐进行音（视）频发布，还可以制作故事画报，以纸质形式进行发布。

（三）作业标准

1. 写故事时，能比较准确地运用阅读与生活中学到的词语，有序地写自己想说的话，写想象中的事物；根据表达的需要，学习使用逗号、句号、问号、感叹号。

2. 讲故事的过程中，能够完整地讲述自己编写的小故事，故事内容连贯且有吸引力，语速、语调适中。

第二部分 作业说明

一、为什么设计这个作业

《课标 2022》中指出，语文课程内容主要以学习任务群组织与呈现，"共同指向学生的核心素养发展，具有情境性、实践性、综合性"，着重强调"以生活为基础、以语文实践活动为主线、以主题为引领、以学习任务为载体"的整体构建语文学习活动的方式。这意味着教师将要站在更高的角度，更加统筹、整体地进行教学设计。

"想象"是学生必备的能力，有助于学生将抽象的文字转化为具体的画面，进而进行生动形象地表达。"发布我的想象故事"着力通过整体的情境任务，引导学生由课内到课外，由"学"到"用"，在积累与运用的过程中，发展思维，感受阅读与表达的乐趣。

阅读，是富有个性化的行为。阅读行为的展开会受到自身认知水平、阅读习惯、阅读方式等的影响。以教材中的内容为立足点，借助表格、学习单等学习支架的搭建，促进学生读懂内容，掌握方法。有了共读的阅读经历，有了交流分享的话题，由"教师教"到"学生学"，由"教知识"到"培养素养"的方法转换才更加适切，学生提升认识的路径才会更加清晰。

与此同时，在教学过程中，在着力落实召开"想象故事发布会"的学习任务，将综合性的学习活动与学习语言文字、提高语文能力的过程融为一体，注重学生在学习任务群中各项任务的总体衔接，增强学生在想象故事的过程中的乐趣。

二、怎样完成这个作业

任务一： 我是作品发言人

活动1：初读课文，文中字词会读写（识字与写字）

1. 学生初读课文，组内学习生字词。能够根据课文内容填一填。

童年的我可快乐啦！有时候，我会看到住在枫树上的喜鹊阿 yí□不仅 jiāo□喜鹊 dì di□□们做 yóu xì□□，还 jiāo□他们学自己发明的拼音字 mǔ□。有时候，我和小伙伴在沙滩上，给城堡 zhōu wéi□□筑起墙，为了救出 gōng zhǔ□□我们挖 dì dào□□，用 zhà yào□□把城堡轰塌，欢呼着炸 sǐ□了魔王。有时候，我会拥有一大把 cǎi sè□□的梦。梦里，有 xuě sōng□□，有 gē shēng□□，还有 píng guǒ□□般的太阳。还有的时候，我会变成一只小虫子，在 yè wǎn□□的 cǎo dì□□里 shǐ jìn□□地唱着歌。

2. 文中还有哪些字词需要我们重点记一记呢？把它们选出来，和小伙伴进行交流。

□□□□□□□□□□

本环节学习评价标准：

我的表现	标　准		
	赞一下	还可以	要加油
1. 喜欢识字写字。	☆	☆	☆
2. 书写正确。	☆	☆	☆
3. 书写规范。	☆	☆	☆

活动2：再读课文，文中内容我知道（阅读与鉴赏）

1. 作为作品发言人，要清楚地知道每篇文章都写了些什么，才能把故事介绍给大家。再读课文，尝试着用自己的话说一说，读了这四篇课文，你都知道了什么。

2. 四篇文中的"我"有着相似的心情，想一想，这种心情是什么。生活中，形容心情的词语还有很多，把你积累的这些词语都写下来吧。

形容高兴：_____

形容生气：_____

形容难过：_____

活动3：走进文本，文中精彩我展示（阅读与鉴赏）

1. 我读懂了作家用彩色铅笔画出的梦，还把这个梦变成了一幅画呢！

2. 读完《沙滩上的童话》文中的对话，让我通过朗读来展示一下吧。

3. 我喜欢小虫子有意思的生活，做"小虫子的有趣生活"介绍卡，这是我想展示的内容。

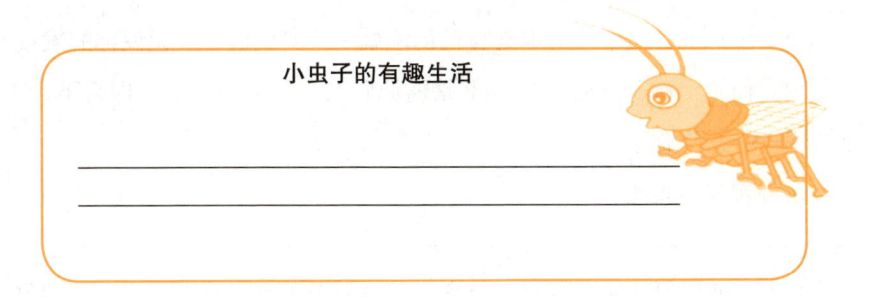

小虫子的有趣生活
_____
_____

本环节学习评价标准：

我的表现	标准		
	赞一下	还可以	要加油
1. 展示内容很精彩。	☆	☆	☆
2. 积极参加展示活动，对学习有兴趣。	☆	☆	☆
3. 有表达交流的自信心。	☆	☆	☆
4. 进行展示时态度自然大方，有礼貌。	☆	☆	☆

任务二：作家想象大揭秘（梳理与探究）

"想象"听起来并不难，但要做到想象丰富，想象有意思，也是有方法的。让我们到文中去找找作家丰富的想象，并试着写一写吧。

活动1：发现作家"想象"的秘密

1. 跟随诗歌想画面。

> 脚尖滑过的地方，
> 大块的草坪，绿了；
> 大朵的野花，红了；
> 大片的天空，蓝了，
> 蓝——得——透——明！

> 在葱郁的森林里，
> 雪松们拉着手，
> 请小鸟留下歌声。
> 小屋的烟囱上，
> 结一个苹果般的太阳，
> 又大——又红！

选择一个小节，文中的内容与自己的配画一一对应起来，说说你的发现。

发现：作者"画"这彩色的梦不是随便画的，是有顺序的，即自下而上、由近及远——方位有序。

2. 结合句式学表达。

> 我看见喜鹊阿姨站在窝边，一会儿教喜鹊弟弟唱歌，一会儿教他们做游戏，一会儿教他们学自己发明的拼音字母……

说说自己发现的有趣想象。

发现：作者看到这样的场景，在短时间内展开连续的想象——先后有序。

3.融入场景写想象。

> 我看见喜鹊阿姨找了一条虫子回来，站在窝边。喜鹊弟弟一齐叫道："鹊！鹊！鹊鹊鹊！"
> 我懂得，他们的意思是："_____。"
> 喜鹊阿姨把虫子送到喜鹊弟弟嘴里，叫起来："鹊，鹊，鹊……"
> 我知道，她是在说："_____。"

发现：作者由看到听，再到想，经历思考的过程，把自己想到的意思写下来——调动感官有序。

活动2：学着作家写一写

1.在下面三个任务中任选两个完成。

（1）你想用彩色铅笔画什么，仿照《彩色的梦》第2或第3小节，把想画的内容用几句话写下来，还可以把自己想画的内容画下来！

_____
_____
_____
_____
_____

（2）想象生活中的场景，用"一会儿……一会儿……一会儿……"写一句话。

_____

_____

_____

（3）结合生活中的场景，写出下面想到的内容。

　　我看见小狗早早地摇着尾巴站在门口，它朝我叫道："汪，汪汪，汪汪……"，我懂得，它的意思是："_____

_____

_____。"

本环节学习评价标准：

我的表现	标　准		
	赞一下	还可以	要加油
1. 有序地写自己想说的话，写想象中的事物。	☆	☆	☆
2. 在写话中能运用阅读和生活中学到的词语。	☆	☆	☆
3. 根据表达的需要，学习使用逗号、句号、问号、感叹号。	☆	☆	☆

2. 读《小猪变形记》前半部分内容，展开想象，想一想后面会发生什么？

（1）出示故事，边展示边读故事。

（2）遇到斑马后，学生想象，后面可能会发生什么，进行交流分享。继续讲故事，看看哪些想象更有趣。

（3）想象故事的结局，分享交流。

本环节学习评价标准：

我的表现	标　准		
	赞一下	还可以	要加油
1. 故事中的想象合理。	☆	☆	☆
2. 有序地写自己想说的话，写想象中的事物。	☆	☆	☆
3. 在写话中能运用阅读和生活中学到的词语。	☆	☆	☆

任务三： 我会"有序"写想象（表达与交流）

活动1：选择内容写故事

每个人头脑中的想象都是丰富而独特的，如果让你"有序"想象，写一个小故事，你想写一个怎样的故事呢？借助下面的提示，选择其中的一个，或者自己展开想象，写一个奇妙的故事！

1. 看图，想一想：小虫子、蚂蚁和蝴蝶用蛋壳做了哪些事情？它们有什么有趣的经历？把它们这一天的经历写下来吧！写的时候，可以用上下面的词语。

早上　过了一会儿　到了下午　天黑了

2. 根据以下开头编故事，试着用上下面的词语。

- 在一片沙漠里，有……
- 从前，有一座大山……

城堡　堡垒	凶狠　凶恶	攻打　进攻
火药　炸药	赞赏　赞美	合力　合作

活动 2：以小组为单位进行故事分享

1. 读读自己所写的想象故事，如果发现有错别字或不通顺的句子，进行修改。
2. 想想怎样读这个故事，别人会喜欢听。
3. 在小组内分享自己创作的故事。
4. 听听同学的建议，再次进行修改，为发布故事作准备。

本环节学习评价标准：

我的表现	标　准		
	赞一下	还可以	要加油
1. 故事中的想象合理。	☆	☆	☆
2. 有序地写自己想说的话，写想象中的事物。	☆	☆	☆
3. 在写话中能运用阅读和生活中学到的词语。	☆	☆	☆
4. 读故事时注意自己的语气、语调和节奏。	☆	☆	☆
5. 乐于向同学展示自己的故事。	☆	☆	☆

任务四：想象故事发布会（表达与交流）

1. 前期准备：选择自己喜欢的方式，如通过录音、文配画、现场讲述等方式讲述自己创作的小故事。
2. 召开班级"想象故事发布会"，发布自己的想象故事，评选优秀想象故事。
3. 推荐优秀想象故事在年级展示。

本环节学习评价标准：

我的表现	标　准		
	赞一下	还可以	要加油
1. 乐于向同学展示自己的故事。	☆	☆	☆
2. 能用多种喜欢的方式呈现自己创作的故事。	☆	☆	☆

续 表

我的表现	标准		
	赞一下	还可以	要加油
3. 有表达交流的自信心。	☆	☆	☆
4. 进行展示时态度自然大方，有礼貌。	☆	☆	☆

三、如何评价这个作业

本单元作业的评价分为过程性评价和终结性评价两部分。学生在活动过程中先通过各个环节的评价表对自己的表现进行初步评价，并在逐步推进的过程中形成对评价标准的认知。

本单元整体学习评价标准：

项目		评价内容	评价标准（涂色）			
			自己评	同学评	教师评	家长评
情感态度	兴趣	对写话有兴趣。	☆☆☆	☆☆☆	☆☆☆	☆☆☆
	自信心	与他人交谈，态度自然大方，有礼貌。	☆☆☆	☆☆☆	☆☆☆	☆☆☆
		积极参加讨论，敢于发表自己的意见。	☆☆☆	☆☆☆	☆☆☆	☆☆☆
能力表现	写故事	在写话中能运用阅读和生活中学到的词语。	☆☆☆	☆☆☆	☆☆☆	☆☆☆
		有序地写自己想说的话，写想象中的事物。	☆☆☆	☆☆☆	☆☆☆	☆☆☆
		根据表达的需要，学习使用逗号、句号、问号、感叹号。	☆☆☆	☆☆☆	☆☆☆	☆☆☆
	讲故事	能完整地讲述自己写的小故事。	☆☆☆	☆☆☆	☆☆☆	☆☆☆
		有表达交流的自信心。	☆☆☆	☆☆☆	☆☆☆	☆☆☆

单元结束时,学生的过程性评价单将成为教师整体评价的参考依据;同时,开展学生个体、同伴、教师的多元评价,形成学生整体学习效果的反馈内容,供家长及时了解学生的学习情况;家长以话语的形式反馈学生单元学习的情况(鼓励或建议),落实评价促进家校合作产生合力、促进教师教学的功能。

北京市大兴区教师进修学校　王娜

第三章

三年级单元整体作业创意设计

第一节

乐享续编之趣
—— 三年级上册阅读策略单元整体作业创意设计

第一部分 作业呈现

一、单元内容简介

本单元是统编版教材首次出现的阅读策略单元，围绕"预测"这一阅读策略编排一篇主体课文《总也倒不了的老屋》，两篇略读课文《胡萝卜先生的长胡子》和《小狗学叫》。这三篇文章作为学生学习"预测"这一阅读策略的主要学习资源，各自承担着不同的教学价值与意义，有层次、有梯度地进行"预测"这一阅读策略的指导。

根据语文要素和单元内容，确定本单元的学习主题为"习得预测之法，乐享续编之趣"，以续编故事为学习任务，创设校本作文集《花开的声音》编辑部面向全校学生征集稿件的情境，引导学生经历"学习预测方法—合理展开预测—客观评价预测"逐层递进的三个学习阶段，经历"阅读与理解—想象与推理—创造与评价"的思维过程，围绕本单元的学习主题，在真实的语言实践活动中发展学生思维的深刻性、独创性和批判性。

二、单元整体作业设计

（一）作业目标

1. 能够一边阅读一边预测，知道可以根据题目、插图、故事中的情节和情感线索进行预测。
2. 能够运用相关方法预测故事的情节和结局，清楚预测要有一定的依据，体会预测的多样性，感受预测在阅读过程中带来的乐趣。
3. 能根据插图、文字等预测故事的发展和结局，续写故事。

（二）作业内容

同学们，寒来暑往又一年，春天的脚步越来越近了，我们的校本作文集《花开的声音》编辑部正在面向全校征集"我的续编故事"，大家可以结合自己阅读过的故事或者学过的课文，展开想象的翅膀，大显身手，续编故事，让更多的读者看到我们的作品。加油，期待你们的佳作！

（三）作业标准

1. 预测有依据，能把自己的预测内容写清楚、写完整。
2. 想象合情合理，语句通顺流畅。
3. 书写端正、规范、整洁。

第二部分 作业说明

一、为什么设计这个作业

（一）基于课标

《课标 2022》提倡："义务教育语文课程实施从学生语文生活实际出发，创设丰富多样的学习情境，设计富有挑战性的学习任务，激发学生的好奇心、想象力、求知欲，促进学生自主、合作、探究学习。"课标的这一要求着重强调语文的学习要与学生的生活紧密联系，在真实的情境中，以富有挑战性的学习任务激发学生潜在的内驱力，在完成具体的学习任务中习得语文，充分尊重学生的认知，用语文知识解决实际问题，注重引导学生用语文做事情。

（二）基于教材

明确教材编者设置阅读策略单元的目的和意义，好比启程前我们要清楚地知道最终所要前往的目的地，心中有方向，才不会出现南辕北辙、本末倒置的现象。本单元是统编教材阅读策略单元的起始单元，人文主题是"猜测与推想，使我们的阅读之旅充满了乐趣"。不难看出，本单元意在培养学生预测的能力，让学生在丰富而多样的推想与猜测中感受阅读的乐趣，成为积极的阅读者，让学生爱上阅读！

本单元一篇精读课文、两篇略读课文和续写故事的习作安排，为我们提供了达成目标的具体路径：《总也倒不了的老屋》通过旁批的形式，提示学习者可以根据题目、插图和文中的线索进行预测，课后题以小伙伴交流的形式提示学习者可以从不同的角度展开预测，同时提示学生预测要有依据。本课为学生学习"预测"这一阅读策略给予充分的学法指导，并对预测的思维过程进行总结。两篇略读课文为学生提供充分的想象和预测的空间，课文前的学习提示告诉学习者可以运用所学方法预测情节的发展和故事的结局，强化预测认知，在学习预测与运用预测的过程中，激发学生的阅读期待与阅读兴趣。习作"续写故事"，旨在从不同角度运用相关方法进行合理的预测，展开想象，把接下来发生的事情写完整。整个单元的内容编排，从唤醒预测意识到学习预测方法，从修正预测内容到清楚完整地写出自己的预测，学用结合，逐层递进，引导学生学习并掌握基本的阅读策略，初步形成运用阅读策略的能力，为成为积极的阅读者进行能力储备。

（三）基于学情

本单元作业设计紧密围绕单元主题及语文要素，创设校本作文集《花开的声音》编辑部征集续编故事的情境，利用教材提供的学习资源，设计以"尝试预测，有法可依""预测内容，有理有据""征集稿件，有据可评"这三个逐层递进的学习任务，将对"预测"内容的学习贯穿始终。"尝试预测，有法可依"这一任务旨在基于课堂所学，引导学生梳理预测方法，从不同的角度展开预测，开启学生的想象，在无尽的猜想中打开思维，激发预测的兴趣。兴趣为先，方法跟进。预测时，孩子们很容易忽略文章的前后联系，顺着自己的感性思维天马行空地展开想象，因此紧随其后的学习任务二"预测内容，有理有据"，侧重学生的理性思考及阅读时的元认知反思，将教材中的旁批作为学习资源，通过评价学习伙伴的预测，回文倒寻依据。这一学习过程不仅强调预测要有一定的依据，同时也加深了学生对阅读内容的理解。由课内所学拓展到课外延伸，意在将学生日常阅读中不自觉的预测行为，通过本单元所学，转变为有意识、有方法的阅读策略，发现预测让阅读变得更有意思。情感是文章的灵魂，是文章的生命力，学生在预测的过程中，题目、插图和线索这些能够看到的内容更易为学生的预测提供更多的可能，而文章所要传递的情感却往往被学生所忽视。基于实际学情，学生在预测时，往往忽略文章所要表达的情感，因此，无论是预测方法的指导，还是制定续编故事的评价标准，对于"情感"这一要素均有所强调。

续写故事是在原有故事的基础上，通过合理想象，大胆猜测，运用多种写作方法接着写故事的情节和结局。在续写故事之前，学生进行角色转换，以校报编辑人员的角色，来讨论入围作品的评价标准，在自主、合作的学习中进行探究，在交流与讨论的过程中深化对预测及续写相关要求的认识，同时关注评价的多元化。要充分尊重学生的认知规律，在具体的学习活动中逐步达成目标，发展思维，并且引导学生从习得方法到运用方法，从课内聚焦到课外链接，既是巩固课上所学，又在课上所学的基础上有所延伸和拓展。

二、怎样完成这个作业

任务一： 尝试预测，有法可依

活动1：读题目，顺藤摸瓜

题目是文章的"眼睛"，我们可以顺着题目这个"藤"，大胆地展开预测，看看自己能够摸到哪些有意思的"瓜"！

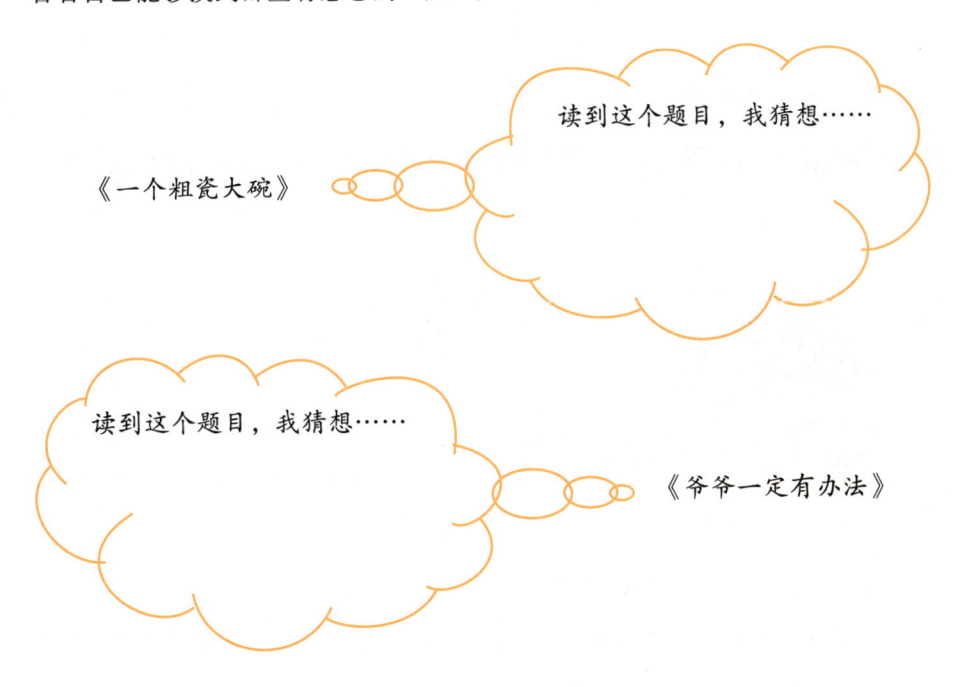

《一个粗瓷大碗》

读到这个题目，我猜想……

读到这个题目，我猜想……

《爷爷一定有办法》

《夏洛的网》 读到这个题目，我猜想……

活动2：读插图，展开想象

中国有句谚语"相由心生"，意思是一个人的内心品质、心中所想，可以通过外在的表情、神态表现出来。仔细观察老屋，独具慧眼的你，觉得这是一个怎样的老屋呢？向你的家人介绍一下老屋吧！

继续练就我们的眼力吧，仔细观察下面这幅插图，你预测到什么呢？

活动3：读线索，预测情节发展

1. 读了《总也倒不了的老屋》，你觉得后面还会发生什么事情呢？尝试着把你的猜想说给学习伙伴或家人听。

2. 胡萝卜先生又会有哪些经历呢？你可以根据文章线索，也可以根据下面的小链接，展开预测，说说你为什么会这样想。

> 小链接：胡萝卜的根含有大量的胡萝卜素，很容易被人体吸收和利用，这种物质进入人体后可以快速转化成维生素A，能够预防眼科疾病，也可以防止视力下降。另外，小小的胡萝卜须还具有净化血管的功能，清理血液中的"杂质"，增进血液循环，有效预防高血压。

我的预测：_____
_____
_____

我的理由：_____
_____

3. 阅读链接——《爷爷一定有办法（节选）》。

当约瑟还是娃娃的时候，爷爷为他缝了一条奇妙的毯子……毯子又舒服、又保暖，还可以把噩梦通通赶跑。不过，约瑟渐渐长大了，奇妙的毯子也变得老旧了。

有一天，妈妈对他说："约瑟，看看你的毯子，又破又旧，好难看，真该把它丢了。"

约瑟说："爷爷一定有办法。"

爷爷拿起了毯子，翻过来，又翻过去。"嗯……"爷爷拿起剪刀开始喀吱、喀吱地剪，再用针飞快地缝进、缝出、缝进、缝出。

爷爷说："这块料子还够做……一件奇妙的外套。"

约瑟穿上这件奇妙的外套，开心地跑出去玩了。不过，约瑟渐渐长大，奇妙的外套也变得老旧了。

有一天，妈妈对他说："约瑟，看看你的外套，缩水了、变小了，一点也不合身，真该把它丢掉！"

约瑟说："爷爷一定有办法。"

爷爷拿起了外套，翻过来，又翻过去。"嗯……"爷爷拿起剪刀开始喀吱、喀吱地剪，再用针飞快地缝进、缝出、缝进、缝出。

爷爷说："这块料子还够做……"

多么可爱的约瑟，多么有智慧的爷爷，尝试着结合题目、插图、线索等，展开想象，这块料子还会被做成什么呢？

> 这块料子还够做_____
> _____
> _____

任务二：预测内容，有理有据

活动1：按图索骥，合理预测

1. 在阅读《总也倒不了的老屋》时，学习伙伴预测老屋有可能会不耐烦，你同意他的预测吗？请结合课文内容，说说你的理由。

> "等等，老屋！"一个小小的声音在它门前响起，"再过二十几天，行吗？主人想拿走我的蛋，可是我想孵小鸡。我找不到一个安心孵蛋的地方。"

（我想老屋可能会不耐烦了。）

> 我（同意／不同意）他的预测，因为_____
> _____
> _____
> _____

温馨提示：预测时，我们要根据文中的线索展开合理的想象，这样，才能让自己的预测有理有据，有说服力，吸引更多的读者呦！

2. 在《小狗学叫》一课中，教材编者为我们呈现了三种结局，你对哪一种更感兴趣？请你选择其中的一种，和小伙伴们交流一下最后的结局是怎样的，你的依据是什么？

我喜欢第____种结局，最后_____
_____
_____
我这样预测的依据是_____

瞧！小伙伴们的预测让我们看到了这只小狗更丰富的经历，是不是很神奇，很有意思呢？你在读哪些文章或故事时也进行了这样的预测呢？你是依据哪些线索进行预测的呢？和大家分享一下吧！

我的预测：_____
_____
我的依据：_____

活动2：把握情感主线，预测情节发展

1. 读完《总也倒不了的老屋》这个小故事，你一定有自己的感受，请你根据下面的内容，记录下自己的阅读感受吧！

已经活了一百多岁的老屋，它的窗户、门板、墙壁都已经非常破旧了。可是，当它要倒下去的时候，小猫、老母鸡和小蜘蛛遇到了不同的困难，它们向老屋寻求帮助。老屋，这真的是老屋啊！

2. 再读《爷爷一定有办法（节选）》：

（1）当妈妈想把约瑟的毯子丢掉时，观察约瑟的神情，读读约瑟的语言，你感受到了什么？

（2）当约瑟穿上爷爷给他做的外套时，读读他的神情，想象当时的情景，你又感受到了什么？

预测时，如果我们能够更多地关注文中的细节、紧扣文章要表达的情感或人物的内心，那么你预测的内容会更加丰富、细腻，吸引更多的读者！尝试一下吧：爷爷还会用这块料子为他心爱的小约瑟做些什么呢？要注意约瑟的神情、语言等细节呦！

锦囊集

锦囊1：尝试运用多种方法进行预测，多管齐下，预测内容更全面；

锦囊2：预测时，要依据文中的线索合理想象，预测内容更恰切；

锦囊3：把握文章的情感，关注人物内心，预测内容更丰富，更耐人寻味。

任务三：征集稿件，有据可评

活动1：交流讨论，制定评价标准

如果你们就是校报的编辑人员，在评选征集上来的作品时，你认为什么样的续编故事可以成功入围，刊登在我们的校报上呢？

评价内容	自　评
1. 语句通顺，内容连贯，能适当运用日常积累的词句。	
2. 预测有依据，能把自己预测的内容写清楚，写完整。	
3. 能够关注人物的内心情感进行预测，预测内容更加丰富。	

活动2：构思"我的续编故事"

你想续编哪个故事或文章呢？请根据你的构思及评价标准完成"我的续

编故事"！

三、如何评价这个作业

本评价表贯穿本单元学习的全过程，分别从思维进阶、关键能力、作业内容、评价要点及评价形式五个维度展开。从学生思维发展的进阶点（学习预测方法——合理展开预测——客观评价预测）展开评价，充分发挥评价的导向、诊断与评估作用。以学生需形成的关键能力为基准，系统设计作业内容，科学确定评价要点，以丰富的形式进行评价。

思维进阶	关键能力	作业内容	评价要点	评价形式
尝试进行预测	尝试预测，有法可依——尝试从题目、插图、故事发展线索等多个角度进行预测，打开预测思路。	先分步结合题目、插图、线索进行预测，再综合运用多种方法展开想象，尝试完成《爷爷一定有办法》的续编。	能从多个角度展开预测，预测内容丰富。	同伴互评，教师点评。
预测有依据	预测内容，有理有据——回顾单元所学，借助教材旁批内容，回文倒寻预测依据。强调有理有据地进行预测，预测时要特别关注文章的情感主线，让预测内容更加丰富、恰切。	判断学习伙伴的预测是否恰切，并从多个角度展开预测，说清预测依据。聚焦情感主线，完善《爷爷一定有办法》的续编。	1.预测内容有理有据。 2.能够结合情感主线展开合理预测。	小组成员互相评价，教师点评。

续 表

思维进阶	关键能力	作业内容	评价要点	评价形式
预测有标准	征集稿件，有据可评——以校报编辑人员的角色，结合所学，共商续编故事的评价标准。	制定标准，完成续编故事。	1. 语句通顺，内容连贯，能适当运用日常积累的词句。 2. 预测有依据，能把自己预测的内容写清楚，写完整。 3. 能够关注人物的内心情感并进行预测，预测内容更加丰富。	学习伙伴互评，家长点评，教师评价。

北京市密云区第二小学　许良

第二节

妙笔写缤纷世界

——三年级上册习作单元整体作业创意设计

第一部分 作业呈现

一、单元内容简介

本单元是统编语文教材的第一个习作单元，旨在引导学生学习留心观察，积累生活素材，养成观察习惯，提高写作能力，最终在细致观察的基础上完成一篇单元习作。本单元的学习内容可以划分为四大任务：

第一个任务是"体会'细致观察'，学习习作方法"。借助两篇精读课文《搭船的鸟》和《金色的草地》，引导学生做生活的有心人，留心观察周围的人、事、景、物，感受作者观察的细致，体会细致观察的好处，学习作者的写作方法。

第二个任务是"梳理观察方法，积累习作素材"。借助"交流平台"和"初试身手"，引导学生对本单元作者观察的角度、习作的方法进行梳理和归纳，通过回顾课文中的观察对象，体会"观察细致"带来的好处，启发学生留心周围的事物，为习作积累素材。

第三个任务是"调动多种感官，拓展习作思路"。借助两篇习作例文《我家的小狗》和《我爱故乡的杨梅》，引导学生结合课后题和旁批，形成细致观察的习惯，增强调用多种感官进行观察的意识。借助《第一次种圆白菜》《荷花池》《我家附近的野花》《到阿蜜家玩》这四本与观察有关的绘本，帮助学生打开思路。《第一次种圆白菜》引导学生观察生态、学习知识；《荷花池》带领学生观察荷花以及昆虫、鸟类等生物在一年四季的变化；《我家附近的野花》引导学生了解野花、野草的种子和果实的形态，了解它们传播种子的方式等；《到阿蜜家玩》通过观察蜜蜂王国，了解更多有关蜜蜂的知识。这四本绘本在内容上与本单元课文密切关联，既有关于动物、植物的内容，又有关于场景的内容，同时，借助这些绘本引导学生继续观察生活中熟悉的事物，丰富观察的角度，进而发现生活之美。

第四个任务是"记录观察所得，书写缤纷世界"。引导学生在充分获得感性认识和理性认识的基础上，结合自己所观察的一种动物、植物或一处场景，运用所掌握的习作方法，进行单元习作练习。

二、单元整体作业设计

（一）作业目标

1. 能对事物或场景进行细致观察，能观察出事物或场景的特点或变化。
2. 能在观察事物或场景时运用看、摸、听、闻、尝等多种方式。
3. 能梳理出观察的角度和方法，习作时按照一定的顺序进行表达。
4. 能在习作中表达出自己的观察、感受或思考。

（二）作业内容

罗丹说："生活中并不缺少美，只是缺少发现美的眼睛。"其实，美丽的事物或场景就在我们身边，不知道你发现了没有呢？最近，我们三年级打算出版一期题为"我们眼中的缤纷世界"的作品集，收录同学们的观察习作，现在向大家征集优秀的稿件。让我们用一双善于发现美的眼睛，去生活中寻找美、记录美，并把你的观察所得写下来和同学分享吧。

（三）作业标准

1. 观察：观察动物，能够从外形、动作等方面进行细致观察；观察植物，能够从看到的、听到的、摸到的、闻到的、尝到的等多种角度进行观察；观察场景，能够观察出场景的变化及变化的原因。

2. 记录：能够通过对课文和习作例文的学习，结合自己的观察填写观察记录单，体现出观察的细致。

3. 习作：能够结合自己的观察进行习作，语句通顺、表达清楚，将自己印象最深的场景或事物介绍具体。

4. 书写：书写规范，不写错别字和病句，能通过阅读自己的习作进行修改和完善。

第二部分 作业说明

一、为什么设计这个作业

《课标2022》第二学段"表达与交流"中指出："观察周围世界，能不拘形式地写下自己的见闻、感受和想象，注意把自己觉得新奇有趣或印象最深、最受感动的内容写清楚。""愿意与他人分享，增强表达的自信心。"本单元作业设计结合了单元语文要素和习作要求，在课堂作业和课后作业设计中始终贯穿两条主线，一是引导学生向作者学习观察的方法，如观察动物时要抓住其特点，从不同角度按照一定顺序进行观察，还可以观察某个有趣的场景。观察植物时要抓住不同时间植物的变化情况，了解变化的原因，还可以从整体到局部进行观察，也可以调动多种感官。课后作业设计则引导学生将课上所学到的观察方法运用到自己对周围事物的观察中去。二是引导学生学习文章的写作方法，如写动物时，可以抓住其外形和动作特点来写，写植物时可以抓住植物的颜色、样子来写，还可以从多种角度写一写自己看到的、听到的、闻到的、尝到的等，再将这种写法迁移运用到自己的小练笔和习作中去。通过这两条主线，引导学生养成留心观察、细致观察的习惯，同时学会将观察所得写下来，学生学科核心素养的提升在这个学习过程中得以实现。

　　本单元以培养习作能力为核心，整个单元以观察为主线，通过一系列阅读和写作活动，引导学生体会"留心观察"和"细致观察"的好处，着力培养学生主动观察生活中不同事物的意识和习惯，为单元习作"我们眼中的缤纷世界"奠定基础。单元整体作业基于对语文要素、人文主题和习作要求的分析与思考，设置了征集"我们眼中的缤纷世界"优秀稿件的大任务，在这个单元大任务的驱动下，教师以学习任务群的方式处理教材内容，组织学习活动。"实用性阅读与交流"学习任务群注重引导学生在语文实践活动中，通过倾听、阅读、观察，获取、整合有价值的信息，根据具体交际情境和交流对象，清楚得体表达，有效传递信息，满足家庭生活、学校生活、社会生活沟通交流需要。学生在本单元学习过程中，以阅读精读课文、习作例文和绘本为基础，梳理观察习作的方法，逐步完成观察记录单并在班级中展示自己观察的收获。"整本书阅读"学习任务群注重引导学生在语文实践活动中，根据阅读目的和兴趣选择合适的书目，制订阅读规划，综合运用多种方法阅读整本书；借助多种方式分享阅读心得，交流研讨阅读中的问题，积累整本书阅读的经验，养成良好阅读习惯，提升整体认知能力，丰富精神世界。在学习本单元时，学生阅读了四本绘本，并选择自己最喜爱的一本进行二次阅读，梳理作者的观察角度和方法，学习作者的写作思路，在此基础上与同学交流分享阅读心得，提升阅读能力。学生在一系列的语文实践活动中，体会作者是如何留心观察周围事物的，并将所学内容迁移运用到生活中，结合自己的观察进行习作，逐步学会观察与表达。

　　三年级的学生处于发展观察能力的关键期，能够敏锐地察觉到事物的特征与变化。两篇精读课文的学习激发了学生的观察兴趣，让学生初步具备了观察意识，在不断学习的过程中也在逐步形成观察的习惯，并积累写作的素材。但是对于三年级学生来说，要从原来的写话过渡到现在的习作，并且要将观察时印象深刻的事物或场景写下来，这是有一定难度的，所以作业的设计要坚持从"观察"指向习作，在学生学习的困难处提供帮助，比如：观察什么？如何观察？怎样将观察所得写清楚？教师为学生提供思维导图、观察记录单、图片或视频、表格等小支架，将习作任务进行分解，降低难度，帮助学生一步一步地完成单元大任务。同时，教师注重联系学生的真实生活，通过课后作业的布置，让学生走进生活，走进大自然，去观察自己周围的事物。学生通过在真实情境中进行观察和记录，不仅积累了写作的素材，也真正打开视野，从课内到课外，从文本到生活，实现了从无话可说到乐于表达的进阶。

二、怎样完成这个作业

发布单元大任务：三年级要出版一期题为"我们眼中的缤纷世界"的作品集，现向大家征集优秀稿件，我们要去生活中寻找美、记录美，并把自己的观察所得写下来和同学分享。

任务一：体会"细致观察"，学习习作方法

借助《搭船的鸟》和《金色的草地》两篇精读课文，引导学生感受作者观察的细致，体会"细致观察"的好处，填写并完善观察记录单。

活动1（课上）：比较阅读

阅读《搭船的鸟》和《翠鸟》，将两篇文章进行比较，完成课后思考题和表格，再和同学进行交流，感受作者的留心观察和观察细致。

翠 鸟

翠鸟喜欢停在水边的苇秆上，一双红色的小爪子紧紧地抓住苇秆。它的颜色非常鲜艳。头上的羽毛像橄榄色的头巾，绣满了翠绿色的花纹。背上的羽毛像浅绿色的外衣。腹部的羽毛像赤褐色的衬衫。它小巧玲珑，一双透亮灵活的眼睛下面，长着一张又尖又长的嘴。

小鱼悄悄地把头露出水面，吹了个小泡泡。尽管它这样机灵，还是难以逃脱翠鸟锐利的眼睛。翠鸟蹬开苇秆，像箭一样飞过去，叼起小鱼，贴着水面往远处飞起了。只有苇秆还在摇晃，水波还在荡漾。

　　思考：
　　1. 菁莽爷爷笔下的翠鸟是什么样？画出描写翠鸟外貌的词语和句子。
　　2. 菁莽爷爷笔下的翠鸟是怎样捕鱼的？圈出描写翠鸟捕鱼的动词。
　　3. 将《翠鸟》与《搭船的鸟》两篇文章进行对比，你发现它们之间的异同了吗？将你的思考填写在下列表格中。

	《搭船的鸟》	《翠鸟》
相同点		
不同点		

　　小提示：引导学生从两篇文章的内容、结构、观察角度、写作方法等方面进行对比，将思考填在表格里。（相同点：两篇文章都描写翠鸟；两位作者都是从翠鸟的样子、捕鱼的动作两方面进行观察的，观察得都很细致；都抓住了翠鸟的特点进行描写。不同点：两位作者是在不同情况下进行观察的，《搭船的鸟》描写的是作者在去外祖父家的路上无意中注意到翠鸟，并进行了细致观察，而《翠鸟》则是直接描写了作者所观察到的翠鸟的特点；两篇文章的写作风格有所不同，《搭船的鸟》语言更加生活化，夹带着作者自己的思考，《翠鸟》的语言更加文学化，只描写作者的观察结果。）

　　活动2（课上）：写话练习
　　播放啄木鸟捉虫的视频，仔细观察啄木鸟的动作，师生一起选择合适的动词来表现自己所看到的。再回忆自己的观察，把"啄木鸟捉虫"的过程写在学习单上。

活动3（课后）：填写"观察记录单"

选择自己感兴趣的一种事物进行观察，在"观察记录单"上简要记录下你的观察所得。

观察记录单	
观察对象	
观察时间	
观察地点	
观察所得	

活动4（课上）：写话练习

观看牵牛花在一天中不同样子的图片以及"昙花一现"的视频，想一想，昙花和牵牛花分别发生了哪些变化？与同学交流观察所得，并从中选择自己喜欢的一种花，用几句话把它的变化写清楚。

活动5（课后）：完善"观察记录单"

结合在《金色的草地》一课中所学习的观察方法，完善自己的观察记录单。

观察记录单	
观察对象	
观察地点	
观察时间	
观察所得	

任务二：梳理观察方法，积累习作素材

借助"交流平台"和"初试身手"，梳理、归纳作者观察的方法，尝试结合观察记录单写自己的观察所得。

活动1（课上）：绘制思维导图

回顾《搭船的鸟》和《金色的草地》两篇课文，用思维导图的形式梳理课文中作者留心观察、细致观察的表现。

观察

活动 2（课上）：反思观察方法与收获

结合自己的观察记录单进行思考：我是怎样对某一事物或场景进行细致观察的？这样的细致观察带给我哪些启发或收获呢？可以填写观察记录卡，也可以用自己喜欢的方式进行梳理和呈现。

观察记录卡

我观察的是：_____

外形（场景）：_____

动作（颜色）：_____

特点（变化）：_____

我的观察方法：_____

我的收获：_____

活动 3（课后）：观察与积累

看图读古诗，想一想：诗人观察了什么事物？是怎样观察的？（从哪些角度观察；运用了哪些感官；是否进行了持续观察。）

离离原上草，一岁一枯荣。
野火烧不尽，春风吹又生。

西塞山前白鹭飞，
桃花流水鳜鱼肥。

仔细观察下面的图片，你能给图片配上一句古诗吗？说一说，图片中的什么事物使你想到了这首诗？你发现诗人是怎样观察这种事物的？

任务三：调动多种感官，拓展习作思路

借助两篇习作例文和四本课外绘本，进一步感受作者观察的细致，修改自己的习作。

活动1（课上）：阅读习作例文，总结观察方法

阅读习作例文《我家的小狗》，和同学交流"王子"淘气可爱的部分；阅读《我爱故乡的杨梅》，完成表格。

杨　梅	特　点
外　形	
颜　色	
味　道	

活动2（课后）：推荐最喜爱的书

阅读《第一次种圆白菜》《荷花池》《我家附近的野花》《到阿蜜家玩》四本绘本，并选择自己最喜欢的一本完成阅读卡，再把它推荐给你的朋友吧。

关于本书	书 名		作 者	
阅读收获	作者观察了：				
	作者是怎么观察的：				
	我最喜欢的句子：				
	我的感受：				
	我印象最深刻的画面：				
读书评价	你以及你的家长对你的阅读满意吗？请在星星里涂上颜色：5颗星星很好；3～4颗星好；1～2颗星需要努力。 自评：☆☆☆☆☆ 家长评：☆☆☆☆☆				

活动3（课上）：结合习作例文、课外阅读和观察记录单，完成自己的习作。

阅读推荐卡如下（可自由设计）：

我最喜爱的书《　　　　》

内容简介（简要介绍故事的内容）：_____

_____

图画欣赏（选择自己最喜欢的一幅画面，用画一画、讲一讲的方式呈现）：_____

_____

推荐理由（从有趣的内容、观察的角度、精美的图画等方面进行推荐）：_____

_____

任务四：记录观察所得，书写缤纷世界

展示自己的观察所得，与同伴分享自己的观察感受，将以题为"我们眼中的缤纷世界"的作品集装订成册。

活动 1（课上）：展示交流，班级评选

在班级中进行展示交流，分享自己的观察所得，由其他同学根据评价单进行星级评价，评选出班级"最强观察者""最棒表达者""最美记录者"。

评价内容	评价标准	评价星级
观　察	观察细致，能从事物的颜色、形状等各方面进行观察。	☆☆☆
	持续观察，能注意到事物的变化。	☆☆☆
表　述	表述清晰、完整。	☆☆☆
记　录	记录详细，配有图画或照片。	☆☆☆

活动 2（课后）：出版作品集

将班级学生作品装订成册，形成《我们眼中的缤纷世界》作品集。（全班分为五个小组）

步骤一：师生共同商议封面和封底的设计方案，并指定一组同学执笔。

步骤二：扉页内容是对该作品集的说明和班级合照等，由一组同学设计完成。

步骤三：请校长为作品集写序，思考如何向校长提出请求并进行合理表达，由一组同学完成。

步骤四：请家长阅读作品集，并撰写推荐理由，由一组同学完成。

步骤五：将作品集进行包装后，赠送给部分教师、家长和班级，撰写赠送卡，由一组同学完成。

三、如何评价这个作业

《课标 2022》倡导过程性评价要综合运用多种评价方法，增强评价的科学性、整体性，本单元设计作业评价时注重评价主体的多元与互动，注重对学习方法的回顾与反思，从观察、表达、书写及页面设计等方面对学生进行评价，培养学生的观察习惯，逐步提升写作能力。

评价维度	具体表现	自我评价	同伴评价
观察	能对身边的事物或场景进行细致地、持续地观察，观察出事物的特点。	☆☆☆	☆☆☆
	能调动多种感官进行观察，如看、摸、听、闻、尝等。	☆☆☆	☆☆☆
表达	能按照一定顺序描写所观察的事物或场景，表达清晰。	☆☆☆	☆☆☆
	习作中能加入自己的思考或感受。	☆☆☆	☆☆☆
书写及页面设计	书写规范、美观。	☆☆☆	☆☆☆
	页面设计与主题相符合，内容清晰合理。	☆☆☆	☆☆☆

单元整体作业评价单，结合各阶段的学习活动，以可视化的成果为标准进行评价。过程中的"具体表现""星级评价"是提供给学生的学习支架，引导学生回顾学习过程，结合评价标准，从观察、表达、书写三个方面对自己和同伴进行评价，帮助学生梳理观察和表达的方法，以评促学，提升学生的习作能力。

北京市昌平区十三陵中心小学　张威

第三节

分享"我最喜欢的寓言故事"
——三年级下册第二单元整体作业创意设计

第一部分 作业呈现

一、单元内容简介

统编教材三年级下册第二单元以寓言故事为内容,这是在三年级上学期学生学习过童话单元之后,第二个以文体组元的单元。本单元的人文主题为"寓言是生活的一面镜子",语文要素是"读寓言故事,明白其中的道理"和"把图画的内容写清楚"。本单元从学生的思维发展规律出发编排了四篇课文和两篇阅读链接,这六则故事层层递进,涵盖了不同时代、不同地域、不同文体样式的寓言故事。"交流平台"引导学生梳理总结阅读寓言故事的方法和印象深刻的道理,并提示阅读时要联系生活实际;"快乐读书吧"中推荐阅读《中国古代寓言》以及外国的《伊索寓言》《克雷洛夫寓言》,并介绍了阅读寓言故事的基本方法。这样的设计有利于进行课内外阅读整合,进一步激发学生自主阅读寓言故事的兴趣,引导学生灵活地将本单元阅读寓言故事的方法用于课外阅读实践中,体会寓言故事中的道理,感受阅读的快乐。本单元我将以"我最喜欢的寓言故事"读书分享活动贯穿始终,让学生在读好寓言故事的基础上发现寓言的特点,品味言外之意,讲好寓言故事,明白寓言的道理。

通过识字与写字、阅读与鉴赏、梳理与探究，最终实现表达与交流。

二、单元整体作业设计

（一）作业目标

1. 读好寓言故事，结合学生的阅读体验，梳理、总结寓言的特点。
2. 讲好寓言故事，发展学生的语言运用能力和思维能力。
3. 明白寓言道理，关联生活，使学生能够解决生活中的真实问题。

（二）作业内容

同学们，这个单元你将会遇到许多"寓言"朋友，希望你用自己喜欢的方式记录下读过的这些寓言故事。4月15日上午8点，学校将在图书馆举办一场"我最喜欢的寓言故事"读书分享活动，希望大家踊跃报名参加。

本单元整体学习情境融合了"日常情境""文学体验与文化参与情境"。读书分享活动是学生喜闻乐见的日常情境，而在分享活动之前需要大量阅读寓言故事，精心挑选自己喜欢的寓言故事进行分享，这一过程正是文学体验与文化参与情境的体现。因此，在学习中你将参与以下丰富多彩的学习任务（如图所示）。

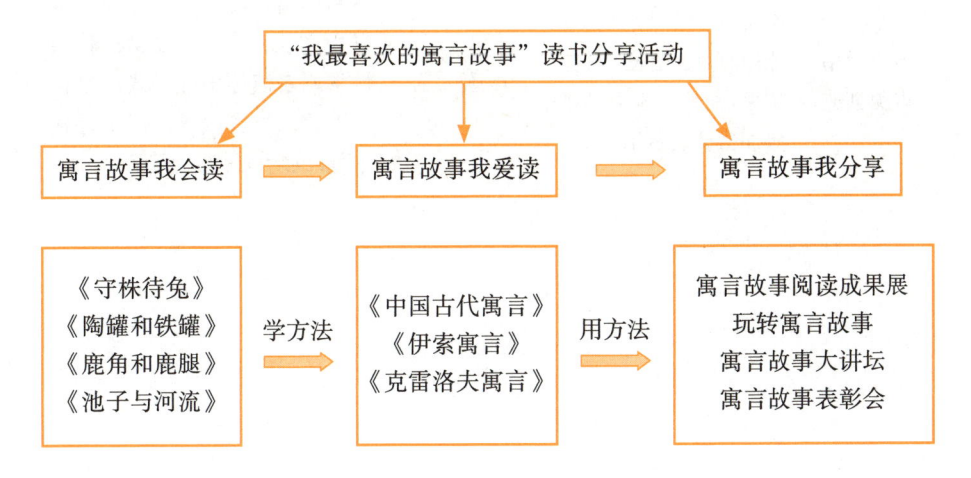

```
            "我最喜欢的寓言故事"读书分享活动
         ┌──────────────┼──────────────┐
         ↓              ↓              ↓
   寓言故事我会读  →  寓言故事我爱读  →  寓言故事我分享

   《守株待兔》       《中国古代寓言》    寓言故事阅读成果展
   《陶罐和铁罐》 学方法 《伊索寓言》  用方法 玩转寓言故事
   《鹿角和鹿腿》     《克雷洛夫寓言》    寓言故事大讲坛
   《池子与河流》                        寓言故事表彰会
```

在本单元学习中，你将设计属于自己的阅读计划或阅读路线图，制作自己最喜欢的寓言故事的阅读记录卡，还会与大家分享你的阅读成果。收获阅读乐趣、提升阅读能力。

（三）作业标准

本单元的作业设计紧密围绕语文学科核心素养，以学业质量表现为依据。精心设计了评比内容，细化了具体的评价内容。具体标准如下：

素养类型	学业质量表现	评比内容	具体评价内容
语言运用 文化自信	在阅读中主动识字；愿意用自己喜欢的方式整理学习成果；尝试用流程图或文字记录学习活动的主要过程，并向他人展示学习成果；喜欢阅读童话、寓言；能向他人讲述主要内容。	智慧之星	借助故事情节图、心情图、表格等梳理清本单元寓言故事的内容，从而明白故事背后所蕴含的道理。
		计划之星	制订阅读计划，阅读古今中外的寓言故事，梳理与探究寓言故事的特点，能够把喜欢的寓言讲给他人听。
语言运用 思维能力	能按照童话、寓言等文体样式，运用联想、想象续讲或续写故事。	记录能手	运用阅读记录卡将寓言故事及背后的道理讲出来。
语言运用 审美创造	参加跨学科学习活动，能用照片、图表、视频、文字等展示学习成果；参加集体展示活动。	故事大王	在阅读寓言故事的过程中，可以用图文结合、音视频辅助、情景剧表演等多种形式记录自己喜欢的寓言故事，展示过程中可以加入自己的创意。

第二部分 作业说明

一、为什么设计这个作业

在《现代汉语词典》中"寓言"的意思是用假托的故事或自然物的拟人手法来说明某个道理或教训的文学作品，常带有讽刺或劝解的性质。它情节简单，内容有趣，人物传神，寓意深刻，深受孩子们的喜爱，非常适合于激励学生进行阅读实践、积累运用语言和发展思维能力。

寓言故事对于学生来说并不陌生，在之前的学习中也有过接触，但多以零散的单篇呈现。本单元是第一次以寓言故事来组织单元，其目的在于用丰富的学习素材，为学生认知、了解寓言打开一扇窗，引导学生对寓言的基本特点及阅读寓言的好处进行总结，进一步激发学生阅读寓言故事的兴趣。单元的特点决定了作业的走向，因此本单元作业要紧密围绕着"读和悟"来设计，而表达是思维的外化表现，以讲来带动学生读好寓言故事，促进学生感悟其说明的道理。

另外，《课标2022》指出：语文课程应引导学生在真实的语言运用情境中，通过积极的语言实践，积累语言经验，体会语言文字的特点和运用规律，培养语言文字运用能力；同时，发展思维能力，提升思维品质。

基于此，本单元开展了"我最喜欢的寓言故事"读书分享活动，通过"寓言故事我会读""寓言故事我爱读""寓言故事我分享"三个大任务构建素养为本的语文学习任务群，注重课程的阶段性与发展性。

二、怎样完成这个作业

任务一：寓言故事我会读

1. 学习了《守株待兔》，你知道文中的农夫为什么会被宋国人笑话吗？用自己的话写一写。

2. 学习了《陶罐和铁罐》，我能画出故事情节图。

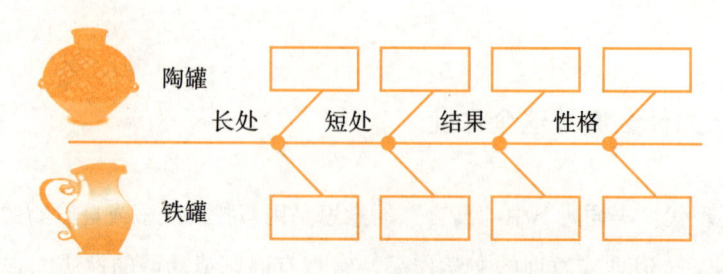

	陶罐				
		长处	短处	结果	性格
	铁罐				

我会把这个故事讲给_____听，会对他（她）有所启发和帮助，因为：_____

（1）小明参加了长跑社团，每天都要刻苦训练。几天后，感觉腿很酸疼，他打算退出社团。

（2）小红在班委竞选中，没有选上自己心仪的岗位，心情有些低落。

（3）小利非常喜欢读课外书，但是他妈妈却认为读课外书耽误时间，让他多做练习册。

3. 学习了《鹿角和鹿腿》，我知道鹿在逃生过程中心情发生了怎样的变化？

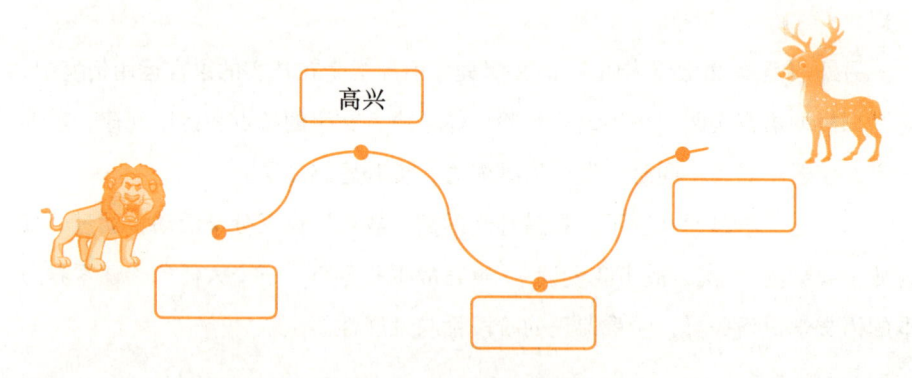

高兴

老师听见一位同学说："鹿角一点儿也不重要，只有鹿腿有价值。"你认同吗？说说理由。

4. 学习了《池子与河流》，想一想在生活中，你有没有遇到过像河流一样的人？他们是谁，与河流有什么相似之处？请你写一写。

5.学习要求：回顾本单元学习中积累的中国古代寓言故事，小组合作完成下面的表格。

小组合作学习单		
故事题目	故事中主人公滑稽可笑之处	告诉我们的道理
《守株待兔》		
《南辕北辙》		
《叶公好龙》		
我们的发现	1.（题目） 2.（故事中的主人公） 3.……	

在本单元课文的学习中，通过梳理故事情节，绘制心情变化曲线图，学生理解寓言故事的内容，读懂寓言故事的寓意，联系生活实际运用。学生通过多种方法阅读和对比发现寓言故事的特点，激发对阅读寓言故事的兴趣。

任务二：寓言故事我爱读

1.设计寓言故事阅读计划表。

著名儿童文学家严文井说："寓言是一个魔袋，袋子很小，却能从里面取出很多东西来……"寓言故事一般比较短小，但背后往往藏着深刻的道理。同学们快来读一读这些寓言故事。这里为你准备了《中国古代寓言》《伊索寓言》《克雷洛夫寓言》，快来打开世界寓言宝库的大门吧！

请同学们在下面表格的基础上自己设计"我的阅读计划表"或者"我的阅读路线图"。

我的《　　　》阅读计划表			
阅读日期	阅读页数	阅读进度	收获的道理
		优秀□ 过关□ 加油□	
		优秀□ 过关□ 加油□	

我的《   》阅读路线图

2. 绘制寓言故事阅读记录卡。

在上面那么详细的阅读计划的支持之下，相信同学们一定阅读了许多寓言故事，哪个故事令你印象最深？你从中读懂了什么呢？选择你喜欢的方式记录下来吧！有以下几种记录方式供你挑选。

记录形式一：寓言故事明信片。

贴寓言故事的主题图或把寓言故事画一画。	□□□□□□　　　　贴邮票处 写一写你想把这张明信片送给谁，并说明原因。
正面	背面

正面只贴寓言故事的一张主题图或寓言故事的简笔画，这样有助于加深学生对寓言故事内容的理解，还可以借助正面的图片，让别的同学猜一猜这是哪个寓言故事。背面写一写这个故事寓意，也可以写一两句阅读推荐语，最后把这张明信片当作书签，送给同学。

记录形式二：阅读情节图。

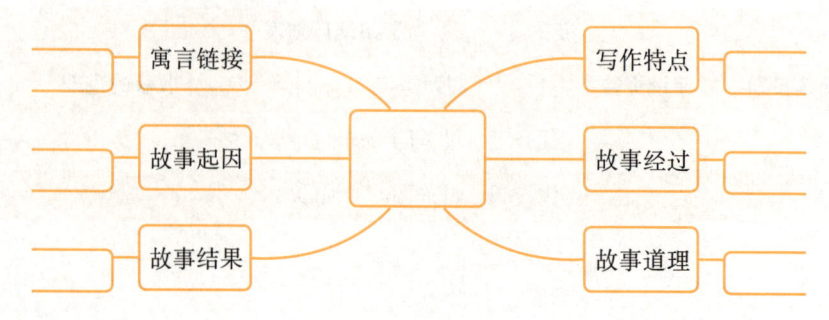

- 寓言链接
- 故事起因
- 故事结果
- 写作特点
- 故事经过
- 故事道理

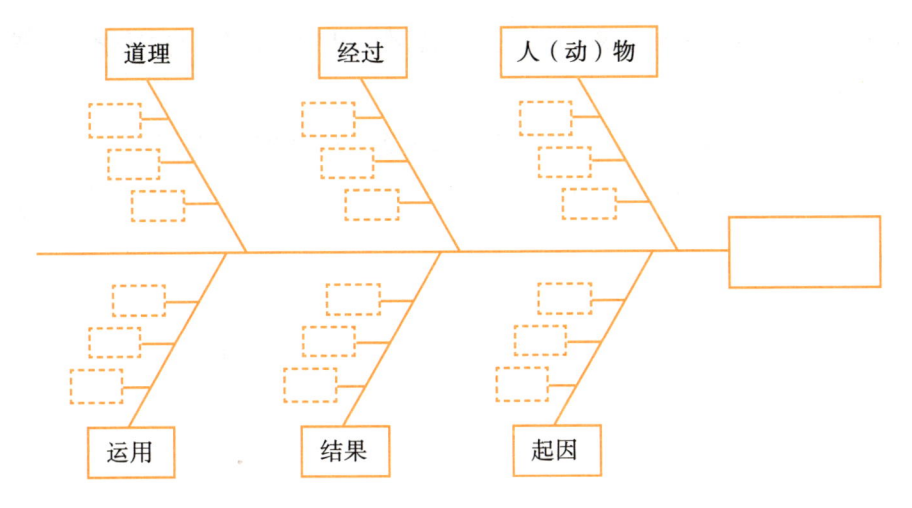

[鱼骨图：道理、经过、人（动）物、运用、结果、起因]

阅读是学生个性化的行为，如果教师能将学生个性化的阅读感受转化为"可视化"的情节图，会大大增加学生的阅读效果。常见的情节结构图的形式有思维导图、鱼骨图等。

任务三：寓言故事我分享

1. 撰写活动通知。

4月15日上午8点，学校将在图书馆举办一场"我最喜欢的寓言故事"读书分享活动，希望大家踊跃报名参加。现在我们需要通知全校师生来参加。请你开动脑筋，替学校写一个通知吧！

2. 展示活动内容。

（1）寓言故事阅读成果展。可以让学生展示读书记录卡、人物名片卡、道理启示卡、读书手抄报、精美书签、故事情节图等。

（2）玩转寓言故事。

①看图猜寓言。出示与故事相关的图片，让学生看图猜故事，并让学生声情并茂地用自己的话讲述故事。

②看关键词讲故事。给学生提供不同的主题关键词，如善良、友谊、谦让等，根据关键词让学生可以任选故事进行演讲或朗诵。

③看动物图片讲寓言。如出示羊的图片，学生就要讲述以羊为主角的寓言

故事。比较阅读，思维碰撞，唤醒学生的思维，让学生能够在自主思考中获得丰富的自我发展。

（3）寓言故事大讲坛。教师提供寓言故事，让学生结合生活经验举例子，各抒己见，说一说寓言故事让你想到了生活中的哪些人和事；教师搜集生活中的真实情景和案例，让学生对照，找出相似的寓言故事。这种思想的交锋会让学生有更多意外的收获。

（4）寓言故事表彰会。教师可以根据每个学生的阅读情况及成果展示，评选出"计划之星""记录能手""智慧之星""故事大王"等，并给他们颁发奖状及奖品。

三、如何评价这个作业

在"我最喜欢的寓言故事"读书分享活动这一真实情境中，学生通过"寓言故事我会读""寓言故事我爱读""寓言故事我分享"三个大任务落实了新课标要求的识字与写字、阅读与鉴赏、梳理与探究、表达与交流等能力。本单元的作业评价在设计中体现了学生的学习态度、参与程度和核心素养的发展水平。我引导学生开展自我评价和相互评价，发挥多元评价主体的积极作用，根据详细的评价量规帮助学生处理好语文学习和个人成长的关系，发挥自身潜能，学会自我反思和自我管理。评价细则如下：

评比内容	具体评价内容	评分细则	星级评价		
			自评	互评	师评
智慧之星	借助故事情节图、心情图、表格等梳理清本单元寓言故事的内容，从而明白故事背后所蕴含的道理。	1. 能够借助关键图、关键词等讲出相应的故事。 2. 能将恰当的寓言故事讲给需要这个故事的人。 3. 能结合生活经验举例子，将学到的道理和生活实际相结合，解决真实问题。			

续表

评比内容	具体评价内容	评分细则	星级评价 自评	星级评价 互评	星级评价 师评
计划之星	制订阅读计划，阅读古今中外的寓言故事，梳理与探究寓言故事的特点，能够把喜欢的寓言讲给他人听。	1. 选择自己喜欢的方式坚持进行记录。 2. 记录时能将故事的题目、内容记录清楚。 3. 能将寓言的寓意记录清楚，还能与身边的人和事进行联结。			
记录能手	运用阅读记录卡将寓言故事及背后的道理讲出来。	1. 制订详细的阅读计划。 2. 按照阅读计划出色地完成阅读内容。			
故事大王	在阅读寓言故事的过程中，可以用图文结合、音视频辅助、情景剧表演等多种形式记录自己喜欢的寓言故事，展示过程中可以加入自己的创意。	1. 讲故事时语言清晰流畅，对话精炼，符合人物性格，声音洪亮。 2. 表演者的服装、道具、舞台设计有特色，有利于主题表现。 3. 能够完整、有序地讲寓言故事。 4. 讲故事中揣摩人物性格，情感投入，表演自然，动作大方得体。 5. 讲故事时可创造性发展剧情。			

说明：基本符合☆　比较符合☆☆　完全符合☆☆☆

首都师范大学附属中学实验学校　张海莹

第四节

争做"传统节日推介官"

——三年级下册第三单元整体作业创意设计

第一部分 作业呈现

一、单元内容简介

本单元以"中华优秀传统文化"为主题，编排了《古诗三首》《纸的发明》《赵州桥》《一幅名扬中外的画》四篇课文，从不同侧面展现了中华优秀传统文化的魅力，要落实的语文要素是"了解课文是怎么围绕一个意思把一段话写清楚的"。统观单元助学系统可以发现，整个单元围绕语文要素层层推进并融通阅读与表达。学生在读中不断"了解课文是怎么围绕一个意思把一段话写清楚的"，还要在"试着用下面的词语，向游客介绍赵州桥"这样的学习活动中，将对语文要素的理解转化为口头表达，同时，进一步深化、推进对语文要素的体会。

本单元是统编教材中首次出现的综合性学习单元，围绕生活中的传统节日展开，既和单元主题"中华优秀传统文化"密切相关，又和学生的生活紧密结合。活动要求学生通过不同渠道收集关于我国传统节日的资料，并通过写过节的过程和交流节日的风俗习惯等方式，展示学习成果，使学生在活动中进一步了解身边的中华优秀传统文化，感受中华优秀传统文化的魅力。

本次综合性学习贯穿于整个单元教学，阅读与综合性学习并进。第一次

"活动提示"中，教材提供了一个传统节日的表格，帮助学生记录资料。在第二次"活动提示"中，用黄泡泡提示学生如何整理资料。这些都说明本单元学习收集资料和整理资料的过程中，需要把握住资料的关键信息，整体把握资料的要点是收集整理资料的基础。这与本单元的第一个语文要素相互呼应。由此我们将本单元的两个语文要素统整在一个语文实践活动"争做'传统节日推介官'"中。

二、单元整体作业设计

（一）作业目标

1. 初步认识中华优秀传统文化蕴含的思想和智慧，培养对祖国的朴素情感，继承和弘扬中华优秀传统文化，增强文化自信。

2. 能够巩固运用所学生字，积累、运用有关传统节日的古诗；了解文章是怎么围绕一个意思把一段话写清楚的。

3. 能用不同方式收集介绍我国传统节日的资料，并记录这些节日的相关风俗；在语文学习中观察生活，介绍清楚过节的过程。

4. 在活动中学习语文，学会合作，以适当的方式展示综合性学习的过程，力求有创意地表达；尝试借助图画、实物等丰富表达效果，进行审美创造。

（二）作业内容

中国的传统节日已经成为了中国文化的一张亮丽名片，吸引了越来越多的外国友人。很多外国友人对中国的传统节日特别感兴趣，想向大家了解一下。你想向他们介绍哪个节日，想怎样介绍呢？赶快行动起来，争做传统节日推介官吧！你可以通过扫描二维码，上传自己的推介音频、视频或海报等，让更多的友人通过你的介绍了解中国传统文化。要想当好推介官可不容易，你们得分工合作，多方面了解节日的有关资料，还要回忆一下自己过节的情景，也可以体验一下节日的习俗。当你对要介绍的传统节日有深入的了解后，你的介绍内容一定更丰富、更吸引人!

(三)作业标准

根据作业目标及综合性学习的要求,教师可从内容、表达、形式三个维度对学生作业进行评价。

争做"传统节日推介官"评价标准

评价内容	水平1	水平2	水平3
内容	能够介绍清楚传统节日的名称及习俗。	能够介绍清楚传统节日的名称、由来、习俗等。	能够结合自己过节的经历,介绍清楚传统节日的名称、由来、习惯等。
表达	能够做到表达清楚,语言流畅、连贯。	能够做到表达清楚,语言流畅、连贯,语气语调富有感染力。	能够做到表达清楚,语言流畅、连贯,根据表达内容运用合适的肢体语言,语气语调富有感染力。
形式	口头介绍。	能够借助一种其他形式辅助介绍。	能够综合运用多种形式辅助介绍,使自己的介绍丰富且吸引人。

第二部分
作业说明

一、为什么设计这个作业

语文课程实施要从语文生活实际出发,创设丰富多样的学习情境,设计富有挑战性的学习任务,爱护学生的好奇心、求知欲,促进学生自主、合作、探究学习。语文综合性学习具有综合性、实践性特征，强调综合运用语文知识，强调听、说、读、写能力的整体发展，体现自主、合作、探究的学习方式，体现语文学习与生活实践的紧密结合，体现语文课程与其他课程的有机联系。

本单元围绕中华传统节日展开，学生可在教师引导下有计划、有步骤地开展综合性学习。在自主、合作、探究的真实语用情境中，通过体验式学习进一步了解中华优秀传统文化，初步认识中华优秀传统文化蕴含的思想和智慧，感受中华优秀传统文化的魅力，增强对中华文化生命力的坚定信心。

调研发现，三年级学生更喜欢有趣味的语文实践活动，喜欢在活动中学语文，喜欢与他人合作；但对于如何开展合作、查找资料并进行创意展示的综合性学习路径还比较模糊，需要教师创设源于生活的具有语言文字运用真实需求的学习情境。教师根据学生需求提供学习支持，引导学生在完成任务、解决问题的体验式学习过程中积累语文学习经验，发展未来学习、生活所需的基本素养。

"争做'传统节日推介官'"这样一个基于时代生活现实情境的作业，既整合了本单元综合性学习的相关要求，又可以激发学生的学习兴趣。基于此大任务情境，我们在识字与写字、阅读与鉴赏、梳理与探究、表达与交流四种类型语文实践活动下设计层层递进、环环相扣的作业，紧扣单元学习内容，落实单元整体学习目标，培育学生的核心素养，促进学生五育融合发展。

二、怎样完成这个作业

教师明确本作业的整体架构和各板块功能，可以根据各自具体实施过程中的课时安排及学生情况，灵活选择布置作业的时机及作业内容。

任务一：识字与写字

亲爱的同学们，相信你们一定迫不及待想做传统节日推介官了，让我们一起赶快开启一段中华文化探秘之旅吧。

活动1：我是写字小达人

中华文化丰厚博大，读读下面的句子，并根据拼音填上相应的词语，你会对中国传统节日有更多了解哦。

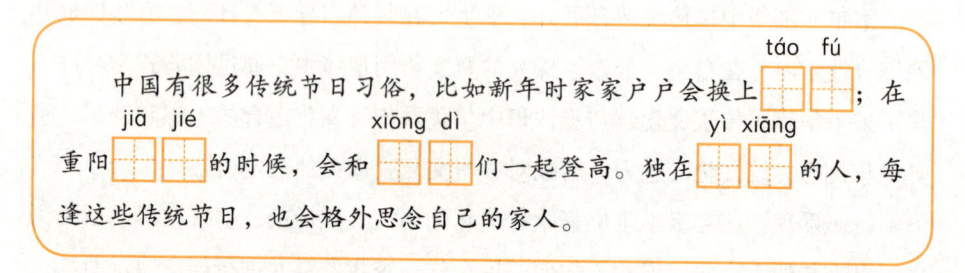

> 中国有很多传统节日习俗，比如新年时家家户户会换上 □□(táo fú)；在重阳 □□(jiā jié) 的时候，会和 □□(xiōng dì) 们一起登高。独在 □□(yì xiāng) 的人，每逢这些传统节日，也会格外思念自己的家人。

活动2：我是识字小能手

我们的汉字构字方式也很有意思，请你试着拼一拼，凑一凑，组成新字吧。

氵	马	韦
金	区	亻
呆	欠	州

任务二：阅读与鉴赏

同学们，我们可以通过多种方式了解中华传统节日，阅读就是一个很好的方法，让我们一起边阅读边了解更多中华传统节日的来历和习俗吧。

活动1：节日诗歌我知道

1.下面三幅图均与节日有关，请你说一说，每幅图所对应的诗句分别是什么。与小伙伴交流你的理由，并在三幅图下面配上诗句，注意书写。

2. 感兴趣的同学可以收集更多有关传统节日的古诗，还可以给自己喜欢的节日古诗配插图。

活动 2：节日来历我了解

请你阅读《中国传统节日故事》，选取自己最感兴趣的一个中国传统节日制作一张中国传统节日名片，梳理一下你了解的有关这个传统节日的主要信息，还可以根据这个传统节日的特点装饰自己设计的名片。

中国传统节日名片

节日名称：_____

节日时间：_____

节日来历：_____

节日习俗：_____
_____

画一画

任务三：梳理与探究

活动：节日资料巧收集

收集资料，观察生活，了解中华传统节日。

建议完成时间：一周。

1. 建议 4～6 人一组，自由结组，可以给自己的小组起个名字。

2. 小组讨论要了解的节日及开展活动的方式。

_____ 小组"争做'传统节日推介官'"活动
讨论记录单

想要了解的节日：_____

了解的方式：_____

记录的方式：_____

分工：_____

讨论日期：

小组学习评价表：

评价内容	组内互评
1.能积极参与讨论。	☆☆☆
2.能认真听同伴发言。	☆☆☆
3.意见不同时，能很好地沟通。	☆☆☆

3. 自主收集资料，初步了解节日，做简单记录。

4. 回忆或体验过节过程（简要梳理）。

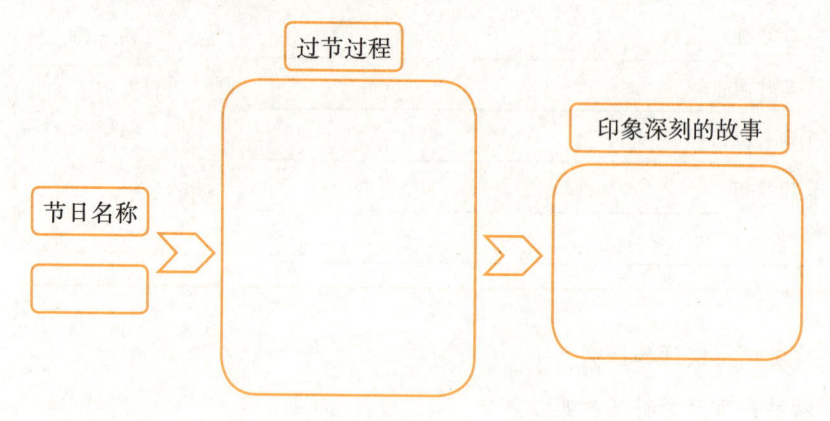

节日名称 ➡ 过节过程 ➡ 印象深刻的故事

5. 分享整理资料，深入了解节日。

（1）组长主持，小组成员轮流分享自己的资料。

（2）分享过程中，小组成员可互相提问，互相补充，了解更多关于这个传统节日的内容。

（3）选择合适的方式整理小组成员收集的资料，如用图表整理、文件夹整理、卡板整理等。

（4）分享自己过节的过程或节日中发生的令你印象深刻的故事。

"节日资料巧搜集"学生自评表：

评价内容	自　评
1.能清楚地介绍自己收集的资料，积极回应别人提出的问题。	☆☆☆
2.能认真倾听别人介绍的资料，了解到更多传统节日的信息。	☆☆☆

续 表

评价内容	自评
3.能积极分享自己过节的过程或节日中发生的令你印象深刻的故事。	☆☆☆
4.能跟同伴一起整理收集的资料。	☆☆☆
我得到了：	

任务四：表达与交流

活动1：过节过程我来写

亲爱的同学们，你们了解并体验了节日的习俗，也跟小组伙伴们分享了自己的过节过程，下面就赶快动笔写一写吧。自己过节过程中的体验也可以在做传统节日推介官时与大家分享哦，相信你的真情会打动大家！

活动2：争做"传统节日推介官"

亲爱的同学们，你们已经合作收集了足够的资料，也有了自己丰富的体验，是不是已经跃跃欲试了？下面就赶快行动起来，一起思考用最合适的、最能打动人的方式来推介我们的传统节日吧。为了使推介更吸引人，你们可以小组合作为喜欢的节日设计宣传海报，可以结合节日习俗制作实物，如粽子、香囊、风筝、对联等，可以配乐朗诵关于春节、中秋、重阳等节日的古诗，还可以讲述自己过节的过程，或节日中发生的令你印象深刻的故事……

你们可以参考下面的步骤来开展学习活动哦。

依照分工，自主练习 → 小组演练，创意表达 → 全班展示，互评改进 → 上传音视频等，争做传统节日推介官

"争做'传统节日推介官'"小组互评表	
评价内容	小组互评
1.表达清楚自然，有感染力。	☆☆☆
2.推荐内容丰富，让人对传统节日印象深刻。	☆☆☆
3.推荐形式有创意，吸引人。	☆☆☆
4.小组成员能够互相配合，积极参与展示。	☆☆☆

三、怎样评价这个作业

本作业的作业目标、作业内容、作业标准都立足语文核心素养的培养要求，学生在层层推进的单元学习过程中，通过完成"争做'传统节日推介官'"这一大任务来落实语文核心素养在本单元的具体培养目标。教师和学生在单元学习伊始，要明确作业评价标准的维度和具体要求，关注作业完成全过程，以评促教，以评促学。

<table>
<tr><th colspan="6">"争做'传统节日推介官'"作业评价表</th></tr>
<tr><th rowspan="2">评价维度</th><th rowspan="2">评价指标</th><th rowspan="2">表现水平</th><th colspan="3">评价得分</th></tr>
<tr><th>自评</th><th>互评</th><th>师评</th></tr>
<tr><td rowspan="4">文化自信（20分）</td><td>感受与热爱（5分）</td><td>感受身边的优秀传统文化及魅力，热爱中华文化。</td><td></td><td></td><td></td></tr>
<tr><td>继承与弘扬（5分）</td><td>了解节日来历，体验习俗，认识中华文化的丰厚博大。</td><td></td><td></td><td></td></tr>
<tr><td>关注与参与（5分）</td><td>关心社会文化生活，从多种形式、多个角度推介中华传统节日，发展交流、合作、探究等实践能力。</td><td></td><td></td><td></td></tr>
<tr><td>了解与借鉴（5分）</td><td>初步认识中华优秀传统文化蕴含的思想和智慧。</td><td></td><td></td><td></td></tr>
<tr><td rowspan="1">语言运用（45分）</td><td>语感、经验（10分）</td><td>1. 在语境中正确书写生字。
2. 了解文章是怎么围绕一个意思把一段话写清楚的。</td><td></td><td></td><td></td></tr>
</table>

续 表

评价维度	评价指标	表现水平	评价得分		
			自评	互评	师评
语言运用（45分）	意识、能力（25分）	1. 认真倾听，乐于与人交流，有礼貌地请教、回应。 2. 能够收集有关传统节日的资料并记录下来。 3. 做传统节日推介官，介绍一个传统节日；能把过节的过程或节日中令人印象深刻的故事写清楚。			
	内涵、情感（10分）	在学习中感悟国家通用语言文字的丰富内涵。			
思维发展（20分）	思维能力（10分）	1. 能够根据情境，联想有关传统节日的古诗。 2. 对收集的节日相关材料进行分析、比较、归纳与判断。			
	思维品质（5分）	提高语言表现力、创造力，思维具有一定的灵活性、独创性。			
	求真态度（5分）	有目的地收集传统节日资料，共同讨论，尝试运用各种学科知识更好地完成传统节日推介任务。			
审美创造（15分）	审美经验（5分）	能结合自己的经验，理解有关传统节日的古诗、故事，获得审美经验。			
	审美能力（5分）	以音频、视频、海报等多种形式介绍传统节日，运用语言文字发现美、创造美。			
	审美观念（5分）	在开展学习活动中形成健康的审美情趣。			
等级					

备注：优秀（85～100分）　良好（75～84分）　合格（60～74分）

合作与创新能力是核心素养培育的重要落脚点。结合本单元综合性学习的特殊性，教师在学生完成作业过程中要细化合作学习的指导和评价，引导学生在实践活动中学习合作。在完成"争做'传统节日推介官'"这一大任务时，教师要倡导学生大胆创新表达形式，结合自己的兴趣爱好进行交流和表达，让传统文化融入当代生活。如果有条件也可以鼓励学生用一些信息技术来呈现和评价，促进传统文化的创新性发展和创造性转化。

北京市东城区史家胡同小学　王静

第四章

四年级单元整体作业创意设计

第一节

评选"提问大王"

——四年级上册阅读策略提问单元整体作业创意设计

第一部分 作业呈现

一、单元内容简介

统编教材四年级上册第二单元是阅读策略单元,由《一个豆荚里的五粒豆》《夜间飞行的秘密》《呼风唤雨的世纪》《蝴蝶的家》形成一组学习资源。本单元的人文主题与语文要素都指向"学会提问",提问的目的是帮助学生更有效地阅读文本,所以"阅读时学会从不同角度提出问题,能够选择有价值的问题引发深入思考"是本单元的核心任务。以"我是提问大王"为主题情境,进行言语实践,经历"提出问题—筛选问题—引发新思考—尝试解决问题"这几步思维过程,设计活动由"海报设计(有价值问题标准征集)""评选有价值的问题""终极PK(现场阅读提问比赛)""评选提问大王"几个板块组成。

二、单元整体作业设计

(一)作业目标

1. 培养学生在阅读中思考的能力,能够提出自己不懂的和想知道的问题。

2.学生能从不同角度去思考，从而梳理、筛选出有价值的、能够引发思考的问题，发展其思维能力。

3.引导学生将提问策略在阅读文本中迁移运用，实现从学方法到用方法的转变，从而能更有效地阅读文本。

（二）作业内容

梳理复习本单元的提问方法，梳理提出有价值问题的技巧，进行"我是提问大王"的主题活动。进行提问，在阅读过程中伴随思考，积极主动学习并提出自己的问题。

（三）作业标准

1.能够独立阅读，基于思考，从不同角度提出问题。

2.提出问题具有一定的价值，能够引发深入思考，有利于高阶思维产生。

3.能够在拓展阅读中尝试应用，在进行单篇文本和整本书阅读时，要学会从不同角度提出问题。

第二部分 作业说明

一、为什么设计这个作业

《课标2022》将课程内容整合程度进行提升，分三个层面设置学习任务群，其中第二层"思辨性阅读与表达"任务群在第二学段教学中强调要"在日常学习和生活中，主动记录、整理、交流自己发现的问题和思考，学习辨析、质疑、提问等方法"。本单元教材围绕提问的阅读策略来组织单元，将语文教学的关注点从认知层面提升到元认知层面，这是语文教材在科学化道路上探索的一个成果。三至六年级逐级安排的策略单元是：预测—提问—阅读要有一定的速度—有目的的阅读。这有利于促进教师教学观和教学方式的变革，有利于改变学生被动学习的状态，让他们更为积极、主动地阅读。

随着时代的发展，我们越来越深刻地感受到，对知识的记忆要求越来越低，随之而来的是对知识的理解、整合、关联、建构的要求不断提升，在教育中，培养学生高阶思维能力的发展至关重要。由此，教学中关键不是传授知识本身，而是帮助学生形成获得知识的方法、策略和经验；教的重点不是书本的内容，而是通过书本教学生怎么学习。

提出问题是人类获取新知识的基本手段之一，提问有多方面的价值，也有不同的分类角度，影响最大的是布鲁姆的记忆、理解、应用、分析、评价与创新六个层次的认知水平分类。此外，还有根据阅读理解意义建构的过程来进行分类的，将阅读教学中常用的各种问题归纳为：有关文本字面意义的问题，对文本进行综合概括的问题，引导推论的问题，引导评价文本的问题及引导学生对文本发表个人意见的问题。策略单元中的提问，主要是从阅读理解意义的角度，教师引导学生根据学习的需要，尝试从不同角度去思考，提出问题。

二、怎样完成这个作业

任务一：创设情境，明确任务

活动1：明确方法思路

我们在阅读文章时掌握了一些阅读策略，比如预测、提问等，运用这些方法能够帮助我们在阅读时引发思考，有利于我们更加深入地读懂文章，发展思维水平。所以，学校为了鼓励同学们阅读时能提出自己思考的问题，举办了"我是提问大王"的活动，评选出"有价值的问题奖"若干名，学校想让同学们通过投票来评选。但是评选标准要用海报张贴出来，海报现在处于设计阶段，有想法的同学也可以进行投稿，一经录用有丰厚的奖品等着大家哦！

活动 2：共议评选"提问大王"标准

如果你是评委老师，你觉得有价值的问题应该包括哪些方面，请你设计一个关于提问的评价标准，师生共议评价标准。

评价内容	评价标准	涂 星
问题的广度	不局限在词句等局部，从文章整体提问。	☆☆☆
问题的深度	不局限在文章内容方面，引发读者更深的思考。	☆☆☆
问题引发推论	不能直接回答的问题，需要联系文本外知识、生活实际，或者进行推理，才能进行解答。	☆☆☆

现在方法和标准都有了，那就让我们一起出发吧！

任务二：阅读文章，感受提问的作用

回忆学习过的本单元的几篇文章，同学们提出了各种问题，那我们看看这些问题都属于哪些类型。学会了这些方法，我们就能学会怎样提出更有价值的问题了。

1. 提出有价值的问题的小技巧。

有的同学说："在阅读时可以把不理解的内容画下来，在书边进行批注，这样有利于提出自己不懂的问题，也方便进行整理。比如《夜间飞行的秘密》《呼风唤雨的世纪》中就有些批注，我们可以借鉴学习。"

有的同学说："提问的角度可以是多方面的，可以从不懂的内容方面提问，可以从文章的写法方面提问，还可以从课文中得到的启示、联系生活经验提问。"

有的同学说："阅读时可能会有些不理解的词语，只要不影响理解内容，可以先不用管这些词语，主要看文章中特别难理解的内容，或者能引发我们更多思考的内容。"

你还有什么好的小妙招能够帮助我们提出有价值的问题吗？

2. 明确有价值的问题的类型分类，尝试说说作用。

回忆了本单元同学们提出的问题，对问题进行简单的分析，从多角度进行提问，在对问题进行分类整理后，你能说说这些问题在帮助你思考、读懂文章方面有什么作用吗？

问题清单	问题类型	什么作用
1. 第二粒豌豆躺在脏水沟里，为什么会觉得自己是最了不起的？	认知冲突	
2. 身体虚弱的小女孩逐渐恢复健康，这和豌豆苗的生长之间有什么关系？	产生关联，引发深入思考	
3. 题目是《一个豆荚里的五粒豆》，为什么作家要重点写小姑娘？	写法角度，引发深入思考	
4. 课文说被青苔包裹的豌豆像"一个囚犯"，但它却长得很好，为什么？	认知冲突	
5. 母亲为什么要把一株豌豆苗称为"一个小花园"呢？	内容与表达前后矛盾	
6. 蝙蝠和雷达有什么关系？	陌生化的事物，产生关联思考	
7. 飞机在夜间安全飞行仅靠雷达就可以了吗？	超出文本的关联性思考	

3. 还可以从哪些角度提问？思考提问发挥了怎样的作用？

任务三： 阅读实践，提出有价值的问题，尝试解决

1. 同学们既然已经明白了怎样从多角度提出问题，也理解了提问对我们阅读的有效作用，再看看《蝴蝶的家》，现在你又能提出哪些问题，试着把问题分分类，选出你认为最值得思考的几个问题，并尝试解决。

问题清单

问题1：_____

问题2：_____

问题3：_____

问题4：_____

问题5：_____

问题6：_____

筛选出你觉得有价值的问题，并尝试思考，进行解答。

问题1：_____

我的解答：_____

问题2：_____

我的解答：_____

2. 提问大王 PK 赛，看谁能提出更多有价值的问题。

（1）单篇阅读，进行提问 PK 赛。

会"飞"的蛇

在柬（jiǎn）埔寨一些古老的丛林里，生存着世界上最神秘、最诡异的蛇类。金花蛇就是其中之一，它被人们称作会"飞"的蛇。

金花蛇通常会在树上像闪电一样追逐石龙子或其他动物。当金花蛇看到猎物仓皇逃跑或者对面枝头有猎物在移动时，它会不假思索地径直扑过去，让自己"飞"起来。

金花蛇真的会飞吗？一位著名的探险家用一段视频解释了这一点：它采用的方法是尽量展开身体，然后使劲收缩腹部，让身体变成中空的，以此获得一定的空气浮力。当金花蛇达到一个"起飞"的地点后，它会用尾巴牢牢拴住树枝，然后把自己弹出去，而不是跳下去。当获得一定的空中速度后，它又把肋骨伸展开来，增加身体宽度，以更好地捕捉空气浮力。最后，金花蛇会像一顶降落伞一样滑翔而下。在这个过程中，金花蛇会让身体保持波浪形，同时靠扭动尾巴来改变方向和保持平衡，由此，它可以飞行比预想远得多的距离。

所以，从实际意义上说，金花蛇的飞行并不是真正的飞行，因为它只能从一个高度下降到另一个高度。靠着自身的调节，金花蛇竟然能"飞"起来，这似乎在告诉我们一个道理：一些看似不太可能完成的事情，如果用心努力地去做就有可能达到我们预期的效果。

问题清单

问题1：_____

问题2：_____

问题3：_____

问题4：_____

问题5：_____

问题6：_____

评议选出有价值的问题，进行投票，票数最高的获得"提问大王"勋章。

（2）整本书阅读，进行延伸性提问实践。

第一轮评选时间有限，我们只进行了一篇文章的阅读并提问。我们还可以进行《十万个为什么》整本书的阅读，一周后进行第二轮比赛。相信同学们在阅读后，肯定还有很多问题，那就把你的问题记录下来，争取获得终极"提问大王"的奖杯吧！

问题清单

问题1：_____

问题2：_____

问题3：_____

问题4：_____

问题5：_____

问题6：_____

筛选出你觉得最有价值的问题，在问题前打"☆"，并提出来。

三、如何评价这个作业

（一）评价标准

评价内容	评价标准	涂 星
问题的广度	不局限在词句等局部，从文章整体上提问。	☆☆☆
问题的深度	不局限在文章内容方面，引发读者更深的思考。	☆☆☆
问题引发推论	不能直接回答的问题，需要联系文本外知识、生活实际，或者进行推理，才能进行解答。	☆☆☆

（二）评价方法

1. 过程性评价。在情境性学习任务活动中选出有价值的问题，进行投票，票数最高的获得"提问大王"勋章。

2. 终结性评价。对单篇阅读和《十万个为什么》整本书阅读过程提出问题，制定评价标准来进行评价，并涂上星级。

北京市顺义区西辛小学　石小磊

第二节

描绘生活万花筒

——四年级上册习作单元整体作业创意设计

第一部分 作业呈现

一、单元内容简介

本单元是习作单元，人文主题是"我手写我心，彩笔绘生活"，旨在引导学生要用心观察生活，用笔认真记录生活中的所见、所闻、所感。语文要素是"了解作者是怎样把事情写清楚的；写一件事，把事情写清楚"。从单元内容来看，通过阅读两篇精读课文《麻雀》《爬天都峰》让学生学习"把事情写清楚"的方法；习作例文《我家的杏熟了》和《小木船》，从不同的角度为学生提供了可进行写法借鉴的范本。"交流平台"梳理、总结了把一件事情写清楚的方法，主要有两个要点：一是顺序，即从全文来讲，要交代清楚时间、地点、人物、起因、经过、结果等要素，要按照一定的顺序把事情写清楚；二是详略，即要采取适当的方法写清事情发展过程中的重要内容。"初试身手"鼓励学生尝试运用在"交流平台"中归纳出的方法，进行口头和书面练习，为完成单元习作作了铺垫。因此，本单元属于文学阅读与创意表达学习任务群。要想完成本单元的学习任务——习作，需要完成三个子任务：一是选材，选择印象最深的一件事来写。二是谋篇布局，写之前既要明确事情的起因、经过、结果，又要想清楚用什么方法把重要部分写清楚。三是修改，修改的标准有两方面，一方面是作文是否按照一定的顺序写的，另一方面是重要部分是否写清楚了。因此，本单元习作围绕学生为班级刊物《童言童语》投稿为核心任务，引导学生借助文本的学习，从选材、把事情写具体和修改几个方面指导学生完成习作。

二、单元整体作业设计

（一）作业目标

1. 结合课文的学习，选择生活中有趣、有益的材料，按事情发展的先后顺序，把事情写清楚。

2. 能够把看到的、听到的、想到的写下来，将一个场景写清楚；能把人物的语言、动作、神态写具体、写生动。

3. 能围绕习作要求修改习作。

（二）作业内容

以为班级刊物《童言童语》组稿为学习任务，激发学生的写作兴趣，指导学生能够围绕征稿要求完成本次习作。

刊物征稿说明：

分享一件生活中自己印象深刻的事，展现自己的美好生活。

把事情按一定顺序写完整，重点部分写清楚。

要求是原创作业，有自己的特点。

投稿时可以先让小伙伴读一读，请他给你写下推荐语。

（三）作业标准

评价要素	等级描述			
	优秀	良好	合格	不合格
选材新颖	记录一件生活中自己印象深刻的事，内容积极向上，发现生活中的真善美。	能选择一件自己印象深刻的事，内容比较积极向上。	能选择一件事来写。	没有材料可写。
构思完整	按照事情发展顺序写出事情的过程。	能按顺序比较清楚地记叙一件事情。	能按顺序写，但不完整。	写作顺序杂乱。
重点突出	重点部分能清楚地写出所见、所闻、所感或者人物的言行、心理活动。	能比较清楚地写出所见、所闻、所感或者人物的言行、心理活动。	能写出所见、所闻、所感或人物的言行、心理活动，但重点部分不够突出。	重点部分不突出。
修改提高	根据修改建议，积极主动地自行修改，习作质量有提高。	能比较积极地进行修改，习作质量有所提高。	能进行修改，习作修改质量一般。	不进行修改。

第二部分 作业说明

一、为什么设计这个作业

一是课标要求。《课标2022》在"文学阅读与创意表达"任务群中指出：引导学生在语文实践活动中，通过整体感知、联想想象，感受文学语言和形象的独特魅力，获得个性化的审美体验；了解文学作品的基本特点，欣赏和评价文学作品，提高审美品位；观察、感受自然与社会，表达自己独特的体验与思考，尝试创作文学作品。不难看出，语文课程要整合听、说、读、写，引导学生成长为主动的阅读者、积极的分享者和有创意的表达者。

二是教材特点。统编版教材从三年级开始，在每册教材中都设置了一个习作单元。通过精读课文和习作例文的学习和使用，将阅读与写作有机统一，在培养学生阅读理解能力的同时，关注书面表达能力的提高，实现在阅读中感受和学习写作方法与在写作中进行实践的紧密结合，从而达到阅读与写作融通发展的目标。

三是学情现状。为完成本次习作，在预作"一件_____的事"的抽样调查中我们了解到如下情况：通过这次学生的习作可以发现，31.7%的学生知道写事情要完整，但没有抓住事件的主要过程，容易给人造成千篇一律的感觉。45%的学生习作较多使用平铺直叙的语言，细节描写较少，内容不够丰富具体。即使对人物进行了细节描写也多为语言描写，对人物神态、动作、心理等方面刻画较少。66.7%的学生在典型事例的叙述上不具体，三言两语带过，不能充分表现人物的特点，也没有达到细致描写的程度。此外，37.5%的学生刻画的细节（如神态、语言、动作等）与要突出的主人公形象和特点关联不紧密，不能为树立鲜明的人物形象而服务。由此可以看出，学生在平时写事的习作中，在人物的特点和典型事例的具体描写上存在困难，尤其是细节描写。

怎样调动学生高质量完成作业的积极性呢？本次习作以为班级刊物投稿的方式，让学生明确习作要求，在选材、构思、写具体的要求下，通过自评、互改的方式完成习作。写作质量高的作品将在班刊上发表，以此激发学生习作的积极性，让学生有学习的动力、学习的榜样，同时记录他们的成长。

二、如何完成这个作业

基于单元内容分析和学情，结合第五单元的学习目标，我们将"把一件事写清楚"作为本单元学习的中心任务，在班刊投稿的情景下完成，将任务分成几个板块贯穿于整个单元教学的始终。把教学目标细化，所有作业都服务于这一中心任务，具体作业任务设计如下：

任务一：发布征稿启事，整体把握单元内容

发布征稿信息，明确稿件标准：

1.《童言童语》班刊继续征集稿件了，本期刊物主题是"用生花妙笔，描绘生活万花筒"。每位学生都可以参与投稿，把自己丰富多彩的生活描绘再现出来。老师会根据稿件质量和同学们的推荐语进行稿件筛选，同学们可要积极参加呀！

2.自由阅读征稿启事并讨论进行投稿的具体要求：

（1）选材新颖：记录一件生活中自己印象深刻的事。

（2）构思完整：按照事情发展顺序写出事情经过。

（3）重点突出：重点部分写所见、所闻、所感或者人物的言行、心理活动。

课内作业：自己读课文，概括课文主要内容（具体呈现形式学生自己设计）。

课后作业：回忆生活中给自己留下印象深刻的事，把事情的主要内容简要写下来。

通过以上设计，激发学生的表达愿望，在对单元课文的阅读中，帮助学生从整体上了解课文内容。

任务二：阅读精读课文，学习写作方法

1.构思完整。

（1）课内作业：自主阅读两篇精读课文，完成下面的表格。

题　目	写作顺序		
《麻雀》	起因：	经过：	结果：
《爬天都峰》	爬山前：	爬山中：	登上峰顶后：

根据提示提取信息，明确构思。事件既可以按起因、经过、结果的顺序，也可以按照爬山前、爬山中、登上峰顶后等时间顺序来构思。

（2）课内作业：观察"初试身手"的第一幅图片，结合生活实际想想事情是怎样发生的，同学之间进行交流。

（3）课后作业：仔细观察并用手机录制一段家人炒菜、擦玻璃或做其他家务的视频（"初试身手"第二幅图片）。

同学们了解了课文进行写作构思时采用的方法，即按事情的发展顺序进行表达。那么，我们在观察生活时，就可以将生活中熟悉的场景也按照此顺序积累、记录下来，成为好的写作素材。

2. 重点突出。

（1）课内作业：再次阅读《麻雀》，学习把重点部分写清楚的方法之后，完成下面两道习题：

①通过本课学习，你了解了哪些把事情写清楚的方法，请写下来。

②说一说"初试身手"第一幅图中，你观察到的内容，可以借助表格或者思维导图梳理思路。

（2）课后作业：每天我们都要和家人一起吃饭，请根据上一题的提示，给"初试身手"第一幅图设计一个梳理思路的表格并进行填写。

（3）课内作业：学习《爬天都峰》，与《麻雀》进行关联阅读，完成下面表格的内容。

题 目	把事情写清楚的方法
《麻雀》	
《爬天都峰》	

通过对比阅读，同学们可以看到两篇课文把事情写清楚的方法不同。

（4）课后作业：再次观察"初试身手"的两幅图，或者观看自己提前录制的视频，选择一种方法，把图意清楚、连贯地写下来。

任务三： 运用方法，完成实践作业

1. 选材要新颖。

（1）打开记忆闸门，精心选材。

①生活是个万花筒，每天都会发生很多的事情。想一想，哪些事让你至今难忘？结合第一节课的梳理，与同学进行交流。在讨论中明确写作的材料来自日常生活与留心观察。

②从这三件事中选择一件，说明哪件事让你印象最深，又给你哪些启发或收获呢？

（2）课内作业：填写学习单，确定写作顺序。

（一件印象深刻的事）写作顺序	
起　因	
经　过	
结　果	

（3）课后作业：上面表格中填写的内容，哪一个要进行详细写呢？请你根据在《麻雀》和《爬天都峰》中学习到的方法，先把这部分写清楚吧。

（4）课内作业：评议初作，进行重点修改。

①同学之间交流各自写的重点部分内容，同桌按照前两课学到的方法进行评议。

②阅读习作例文《小木船》，思考：这篇例文重点写的哪部分？是怎样把这部分写清楚的？通过阅读例文明确写事情要根据需要确定哪部分重点写，而不是千篇一律地把事情经过都作为重点来写。

③根据题目重新思考重点内容是否恰当。

④阅读《我家的杏熟了》，结合本单元学习的内容，分享把重点写清楚的方法，进行交流。

方法一：把事情写清楚，可以写出自己看到的、听到的、想到的。

方法二：可以把人物是怎么说、怎么做、怎么想的写下来，清楚地再现当

时的情景。

（5）课后作业：完成习作初稿。

任务四：分享习作，修改提高

课内作业：

（1）小组间分享习作，根据评价标准选出最佳习作；对有修改需求的习作提出修改意见。

（2）对初评即表现优秀的习作，小组长根据评价标准和同学的建议执笔撰写推荐意见。

（3）根据同学的建议自行修改。

（4）小组长根据组员的需求，组织进行二次评议，给每个要求进步的同学机会。

三、如何评价这个作业

以学习目标为依据，学生发展为评价导向，本着教、学、评一体的原则，制定科学的评价标准，跟进学生的每个学习过程。通过自我评价、同伴评价、教师评价等多种方式，学生可以全面客观地认识自己在本单元学习中的收获与不足；教师随时能够关注学情，有效调控，掌握学生学习情况的同时，发现自己教学中的不足。

北京市通州区教师研修中心　张立娟

第三节

举办诗歌朗诵会

——四年级下册现代诗歌单元整体作业创意设计

第一部分 作业呈现

一、单元内容简介

四年级下册第三单元是综合性学习单元，是小学教材中第一次集中出现现代诗的单元，由《短诗三首》《绿》《白桦》三篇精读课文，一篇略读课文《在天晴了的时候》和"轻叩诗歌大门"综合性学习活动组成。

本单元的人文主题从文学审美的角度提出"诗歌，让我们用美丽的眼睛看世界"，引导学生走进丰富多彩的诗歌世界。语文要素是"初步了解现代诗的一些特点，体会诗歌表达的情感；根据需要收集资料，初步学习整理资料的方法；合作编小诗集，举办诗歌朗诵会"。因此，本单元的教学旨在引导学生通过多种途径收集并整理现代诗、合作编诗集、尝试创作现代诗、举办诗歌朗诵会等语文实践活动，深刻地体味祖国语言文字的魅力，激发学生对诗歌的兴趣，在实践活动中提高自觉运用祖国语言文字的能力。

二、单元整体作业设计

（一）作业目标

1. 通过抓住空格、分行、关键词句、标点等反复诵读诗歌，感受现代诗歌的魅力，爱上诗歌。

2. 通过多渠道收集、整理自己喜欢的诗歌，模仿创作诗歌，举办诗歌朗诵会，与同学合作编写诗集，了解现代诗歌的特点，初步学习整理资料的方法，提高收集信息与处理信息的能力。

（二）作业内容

清明节假日走出家门，亲近大自然，感受世界的美好；收集、诵读有关写花或写春天的古诗和现代诗歌；尝试创作诗歌；小组合作编写小诗集，举办诗歌朗诵会。诗歌朗诵会需要海报、邀请函、个人或小组合作编写的诗集（含收集整理的诗歌和自创诗歌）。举办班级"轻扣诗歌大门"诗歌朗诵会。

（三）作业标准

诗歌学习与综合实践活动作业标准：

1. 朗读与背诵。

（1）根据分行、标点等特点正确把握诗歌的节奏，流利、有感情地朗诵，能根据课文要求背诵。

（2）与同伴积极交流，认真倾听建议，增强学习的自信心。

2. 学习与创作。

（1）通过联系上下文、生活经验理解词句的意思，体会作者的思想感情，领悟表达感情、感受的方法及作用。

（2）认真观察大自然和周围世界，能模仿单元课文中任意一首诗歌的表达形式，清楚地表达自己的所见、所感和所想。

3. 收集与编写。

（1）诗集的内容分他人创作和自创两部分，并根据不同主题和内容分类整理。

（2）诗集形式可以是个人诗歌集、小组合作诗集，也可以是班级诗歌集，每人至少创作一首。

（3）根据小组讨论结果，进行诗歌收集、创作与编写活动，主动承担编写任务，发挥每一个人的作用。

4. 举行朗诵会。

（1）积极参与，可以个人朗诵，也可以小组合作朗诵。

（2）认真倾听，现场能积极参与互动交流和评价。

第二部分 作业说明

一、为什么设计这个作业

《课标2022》指出：语文课程是一门学习国家通用语言文字运用的综合性、实践性课程。语文课程应引导学生热爱国家通用语言文字，在真实的语言运用情境中，通过积极的语言实践，积累语言经验，体会语言文字的特点和运用规律，培养语言文字运用能力；同时，发展思维能力，提升思维品质，形成自觉的审美意识。

本单元是综合性学习单元，突出体现了语文课程综合性、实践性的特点。收集、整理诗歌，仿写创编诗歌，编写诗集，举办诗歌朗诵会等实践活动，更加凸显出学生自主学习和发展的主体地位，在听、说、读、写、编、创、小组合作学习中，学生的核心素养得以整体提高，在与自然、与诗歌、与他人的交流互动中受到美的熏陶，培养起主动追求积极、健康、和谐的生活方式，激发学生对祖国语言文字的兴趣和热爱，从而树立起中华民族的文化自信。

二、怎样完成这个作业

通过学科项目化学习的方式，整体系统设计单元学习任务，包括基础型任务、发展型任务和拓展型任务。以目标和学习成果为导向，通过创设真实的学习任务情境，开启从知道、理解、感受到分析、应用、创编、评价能力进阶的现代诗歌学习过程，最终达成单元学习目标。

（一）创设情境，讨论学习任务

同学们，清明节快到了，正值踏青春游的好时光。一家人踏青、赏花也是清明节的传统文化习俗。趁清明节，大家跟家人一起走出家门，亲近大自然，感受世界的美好吧。历代诗人写下了不朽的诗篇，抒发了对大自然、对生活、对这个世界的美好感受。假如我们也用诗歌的眼睛看世界会有怎样的感受呢（播放制作的视频，配教师的现场诗歌朗诵）？满眼绿色，百花次序绽放，处处让人感受到大自然的生命力。

我们这个单元即将开启现代诗歌的学习，清明节春游期间，拍下令你有深刻感受的所见，收集有关花或写春天的诗歌，尝试着分类整理一下，还可以尝试背诵这些诗和本单元的诗歌，为举办诗歌朗诵会和小组合作编写小诗集作好准备。小组合作编写诗集需要做许多准备工作，下面就参照这个表格，各小组来讨论一下吧。

自主作业一： 小组讨论，明确诗歌收集与编写的分工和具体内容

诗集名称			
主　编		编　者	封面设计者
编辑、目录整理		每部分（收集和自创）主题词设计	配图、插画设计
收集诗歌的内容			

（二）活动过程

自主作业二： 单元预习自主检测

1. 词组积累，按照课文原文填空。

（　　）的回忆　（　　）的园中　（　　）的叶下　（　　）的膝上

（　　）的枝头　（　　）的流苏　（　　）的雪花　（　　）的树枝

（　　）光华　（　　）的小草　（　　）的小白菊　（　　）的凤蝶儿

2. 下列加点字注音有误的一项是（　　）。

　　A. 月明的园中，藤萝的叶下，母亲的膝（qī）上。

　　B. 哪一次我的思潮里，没有你波涛（tāo）的清响。

　　C. 母亲呵！天上的风雨来了，鸟儿躲到它的巢（cháo）里。

3. 选择同一词语在不同句子中的含义。（填序号）

集中：（1）把分散的人、物或事集合在一起；（2）把意见、经验等归纳起来。

　　A. 集中众人的智慧才能无敌于天下。（　　）

　　B. 烟尘污染要减轻，集中供热是途径。（　　）

交叉：（1）方向不同的几条线或条状物互相穿过；（2）部分相重的；（3）间隔穿插。

　　A. 但我想说的是，我们之间自始至终都存在着利益交叉。（　　）

　　B. 他告诉我每一个交叉点处都有埋藏的宝藏。（　　）

　　C. 晚会上的歌舞和时装表演交叉进行。（　　）

4. 关注句子的表现形式，谈谈自己的理解。

到哪儿去找那么多的绿：墨绿、浅绿、嫩绿、翠绿、淡绿、粉绿……，绿得发黑，绿得出奇。

以上内容写了_____句话，内容写的是_____。句中冒号表示的是_____，省略号表示的是_____，句子中写到绿的不同层次的词语有_____。

通过观察大自然，读书，我还知道许多描写绿色的词。
_____

5.再次梳理自己不懂的问题，与同伴进行交流。

（1）_____

（2）_____

自主作业三：搜集、整理诗歌，创作诗歌，编写诗集

1.仿照《短诗三首》《绿》《白桦》和《在天晴了的时候》，结合清明节踏青或对春天的观察、体验，创作一首小诗，把自己的感受清楚地表达出来。

提示：诗歌创作时可以关注以下特点：

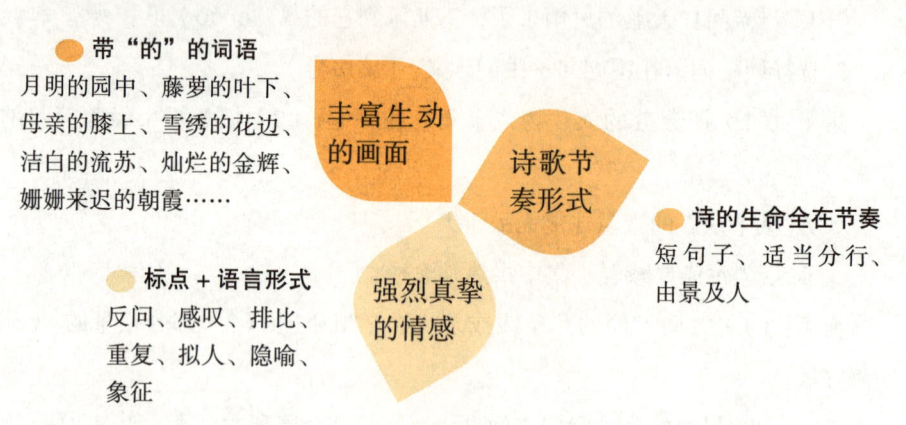

● 带"的"的词语
月明的园中、藤萝的叶下、母亲的膝上、雪绣的花边、洁白的流苏、灿烂的金辉、姗姗来迟的朝霞……

丰富生动的画面

诗歌节奏形式

● 诗的生命全在节奏
短句子、适当分行、由景及人

● 标点 + 语言形式
反问、感叹、排比、重复、拟人、隐喻、象征

强烈真挚的情感

2.对收集到的诗歌进行分类整理与编写。

提示：编写诗集的步骤为收集—命名—分类—作序—排版（+配图）—封面设计。

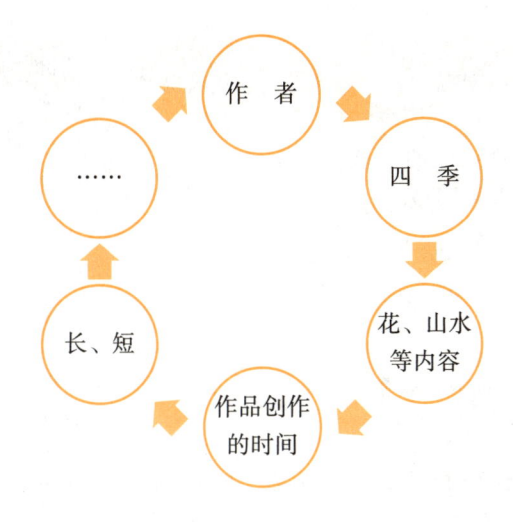

```
        作 者
  ……           四 季
                  
  长、短        花、山水
                等内容
        作品创作
        的时间
```

自主作业四：举办诗歌朗诵会

1. 经过前期的准备，我们将在班级中举办一次"轻叩诗歌大门"诗歌朗诵会，请各小组拟一份邀请函，设计一份宣传海报，邀请到更多的人参加。

提示：邀请函要写清朗诵会举办的时间、形式、地点、举办单位等。海报设计要图文并茂，主题突出，写清楚时间和地点。

2. 诗歌朗诵会场地的环境布置：各组或个人按照内容或诗人、收集摘抄或自己创作等分类进行整理编写，为成果展示作好准备，场地布置要有主题特色。

3. 参加诗歌朗诵会的个人或小组作准备：提前把朗诵的题目、形式、配乐、用时给到主持人，诵读形式可以自由灵活多样。

三、如何评价这个作业

作业的评价以学生在各个作业阶段中的学习成果为依据，注意到形成性评价与表现性评价相结合、成果的量与质相结合、评价主体多元、学生核心素养四个层面。同时，关注学生学习过程中思维层级的递进。

"轻叩诗歌大门"综合性学习活动作业评价量规如下：

评价项目	评价内容	成果形式	评价主体	三星评价
爱生活，会自学	1. 读熟单元中的诗歌，背诵《短诗三首》《绿》。	读、背	自评	☆☆☆
	2. 自主整理易错字（读音、字形），指导一名同伴正确书写一个易错字。	作业单	同伴互评	☆☆☆
	3. 通过查词典、联系上下文等方法理解不懂的词语。	课本或笔记	同伴互评	☆☆☆
	4. 提出不懂的问题，主动收集与课文相关的资料。	文本资料、作业单	同伴互评	☆☆☆
	5. 踏青游春，运用多种形式体验大自然。	照片、小报等	同伴互评	☆☆☆
爱思考，大胆创作	1. 仿照课文，用诗歌的形式表达对生活、对世界美的感受，至少仿写一首诗歌。	作品	同伴互评	☆☆☆
	2. 通过抓住具有画面感的词语，运用拟人、排比、比喻、象征等手法，描写自己看到、想到的景象，表达自己的感受。	作品	同伴互评	☆☆☆
	3. 体现诗歌的节奏：恰当使用标点符号、空格、分行等。	作品	同伴互评	☆☆☆
爱交流，乐分享	1. 举行小组诗歌朗诵会和班级诗歌朗诵会，积极主动分享自己的创作和朗诵，做到表达流畅、举止自然大方。	活动过程的表现	小组互评、全班评价	☆☆☆
	2. 能把握好重音，用合适的语气朗读，注意表情、体态，抓住关键语句和意象体现出诗歌的韵味和作者表达的思想感情。	活动过程的表现	小组互评、全班评价	☆☆☆ 小小朗诵家 ［是 否］

续　表

评价项目	评价内容	成果形式	评价主体	三星评价
会合作	1. 参与诗歌集的编写，努力完成分配到的工作。	小组分工	自评、小组互评	☆☆☆
	2. 按照提示要求分类整理，按照诗人、内容和自创等角度排列。	查看诗集	小组互评、全班评价	小组合作满意度 ☆☆☆ 最佳封面设计奖 ［是　否］ 最佳编辑奖 ［是　否］ 最受欢迎诗集奖 ［是　否］
	3. 封面设计精心，装帧美观，有寓意；目录清晰，有序。			
	4. 版面整洁，字迹、图案清晰，书写认真，行间距等排版合理。			
有创意	在收集诗歌、创作诗歌、展示交流等阶段，提出或做出了令人感到新颖且效果良好的建议或做法。	推荐书	全班评价	金点子奖 ［有　无］

首都师范大学附属中学朝阳学校　王在英

第四节

"老故事，新风采"大舞台
—— 四年级下册第八单元整体作业创意设计

第一部分 作业呈现

一、单元内容简介

四年级下册第八单元教科书以"中外经典童话"为主题，编排了《宝葫芦的秘密（节选）》《巨人的花园》《海的女儿》三篇课文、习作"故事新编"、"语文园地"。本单元的语文要素是"感受童话的奇妙，体会人物真善美的形象"，习作要求是"按自己的想法新编故事"。

在一、二年级的语文学习中，学生阅读了不少童话故事；在三年级上册童话故事单元中，学生尝试编写"时间、地点、人物、事情"要素齐全的童话；在三年级下册第五单元中，学生展开"奇妙的现象"，体会想象的魅力；二、三、四年级都练习过复述故事；这些都为学生学习四年级下册第八单元这个童话故事单元奠定了阅读、想象、编故事的基础。

本单元教材编排的三篇童话为学生展现了童话故事奇妙的想象、内心丰富的人物形象，是学生加深对童话奇妙想象、人物形象丰富感悟的进阶支架，也是发散思维、点燃想象的缤纷焰火、创新创意表达与交流的舞台支撑。明晰了教材的特点，创设真实的语言实践情境，为学生打开源于教材、开发资源、创意表达、特色展示的开放课程空间。

二、单元整体作业设计

（一）作业目标

1. 阅读童话故事，能借助故事山、曲线图、宫格图等梳理出故事的主要内容、情节；把童话的奇妙之处讲给伙伴、家人听。

2. 体会童话中人物形象的真善美，能通过人物图谱、思维导图、表格等形式展现自己对人物的理解。

3. 运用提示支架，创编故事片段；能辨析意思相近的词语，运用不同的表达方法，炼词炼句，从不同角度准确生动地表达自己所想。

4. 自由选取经典故事，运用小标题、情节图、人物图谱等形式，多角度、多预设进行故事新编；进行图文结合、音视频辅助、情景剧表演等展示形式的设计，参与"老故事，新风采"大舞台展示。

（二）作业内容

同学们，四年级要开展"老故事，新风采"大舞台活动啦！请你把熟悉的经典故事重新创编，用自己的喜欢、擅长的方式（如故事小报、连环画、音视频故事会、情景剧表演等）展现出来吧。每位同学既是参演者，也是小评委哦。

我们要走进本单元的童话故事，向作者学习编故事的妙招。可以借助故事山、曲线图等方式梳理故事的奇妙之处，通过绘制人物图谱感受他们真善美的形象，小试牛刀创编故事片段，最终完成自己的故事新编，还要来品评一下小伙伴的作品。

"老故事，新风采"大舞台 ---- 把熟悉的经典故事重新创编，用自己喜欢、擅长的方式（如故事小报、连环画、音视频故事会、情景剧表演等）展现。

故事片段创编 ---- 运用提示支架等，创编故事片段，从不同角度准确生动地表达自己所想。

人物图谱 ---- 通过思维导图、表格等形式展现自己对人物的理解。

故事山、曲线图、宫格图等 ---- 梳理出故事的主要内容、情节；把童话的奇妙之处讲给伙伴、家人听。

（三）作业标准

在走上"老故事，新风采"大舞台的过程中，我们可以为自己和伙伴的每一步阶段成果作出评价，老师也会参与其中。我们通过"星级评价"的方式，☆代表基本符合，☆☆代表比较符合，☆☆☆代表完全符合，看看是否完成了具体的学习任务，检验我们的学业表现。

素养类型	学业质量表现	具体评价内容	星级评价		
			自评	生生互评	师评
语言运用、文化自信	在阅读中主动识字；愿意用自己喜欢的方式整理学习成果；尝试用流程图或文字记录学习活动的主要过程，并向他人展示学习成果；喜欢阅读童话、寓言；能向他人讲述主要内容。	1. 借助故事山、曲线图、宫格图等梳理出本单元童话故事的主要内容、情节。			
		2. 制作故事卡，把童话的奇妙之处讲给伙伴、家人听。			
语言运用、思维能力	积累和梳理语言材料；能结合关键词语解释作品中人物的行为，从某个角度分析和评价人物。	3. 体会童话中人物形象的真善美，能通过人物卡、思维导图、表格等形式展现自己对人物的理解。			

续 表

素养类型	学业质量表现	具体评价内容	星级评价 自评	星级评价 生生互评	星级评价 师评
语言运用	能按照童话、寓言等文体样式，运用联想、想象续讲或续写故事。	4. 运用提示支架及不同的表达方法，创编故事片段。			
语言运用、审美创造	能把自己觉得有趣或印象深刻、受到感动的内容写清楚。	5. 自由选取经典故事，运用小标题、情节图、人物图谱等形式，多角度、多预设进行故事新编；新编故事生动有趣。			
语言运用、审美创造	参加跨学科学习活动，能用照片、图表、视频、文字等展示学习成果；参加集体展示活动。	6. 进行图文结合、音视频辅助、情景剧表演等展示形式的设计；展示有特色，效果好。			

说明：基本符合☆　比较符合☆☆　完全符合☆☆☆

第二部分 作业说明

一、为什么设计这个作业

《课标2022》指出：语文课程应引导学生热爱国家通用语言文字，在真实的语言运用情境中，通过积极的语言实践，积累语言经验，体会语言文字的特点和运用规律，培养语言文字运用能力；同时，发展思维能力，提升思维品质，形成自觉的审美意识。

第四章　四年级单元整体作业创意设计　171

秉承语文课程的基本性质，四年级下册第八单元的整体作业设计与整体教学紧密融合，整合课内外语文学习资源，为学生创设真实的语言运用情境，让学生在语言实践过程中经历阅读、汲取、梳理、探究、思考、创编、特色辅助等实践活动，通过"识字与写字""阅读与鉴赏""表达与交流""梳理与探究"这四个途径，最终指向文化自信、语言运用、思维能力和审美创造综合素养的培育。

这一单元整体作业设计体现了语文课程的主要内容——学习任务群的实施。通过辨析意思相近的词语，运用不同的表达方法，修炼词句，使学生在"基础型学习任务群——语言文字积累与梳理"中实现语言的积累与运用。通过阅读童话、梳理情节、感知人物、想象创编等设计，学生融入"发展型学习任务群——文学阅读与创意表达"的实践活动，联结他们的课内外阅读与表达交流。契合本单元教材安排，整体作业设计还为学生设置了"拓展型学习任务群——整本书阅读、跨学科学习"的实践活动，体验故事的真善美，并尝试运用艺术、信息技术等知识技能进行创意设计，投入校园活动。

在"老故事，新风采"大舞台这一情境中，学生会投入到日常生活情境里，在展示分享的生活场景中凸显对交际对象、目的和表述方式的把握；会在文学体验与文化参与情境中，把一篇篇童话以及课外阅读的童话作品等作为创编故事的语言材料，尝试用不同的方式进行创意表达；还可以在跨学科学习情境中体验语文学习的综合性、新颖性与趣味性，焕发出内在动机和探究欲望。

同时，这一单元的整体作业设计也充分考量了四年级学生的学情。以每个学生能实际参与的真实情境引领单元学习任务的达成，把阅读童话的兴趣、想象的快乐、创编的趣味融为一体，以趣导学，以学促行。既基于学生的认知起点，又为学生深化童话类文学作品的阅读、将阅读所得转化为自我的创意表达提供了实践平台。

二、怎样完成这个作业

将"识字与写字"融入"阅读与鉴赏""梳理与探究"活动中,并在多回合的"表达与交流"中最终达成单元任务。

```
            第八单元 "老故事,新风采"大舞台

     读故事,           讲故事,              编故事,
     品经典            品人物               展风采

   阅读童话,感知内容;  放飞想象,品味人物;    故事新编,风采展示
   感受奇妙,梳理探究   创编片段,修炼词句
                                         实践活动
         26            27          28    第26课:根据已有内容创编
教                                        故事。
科   《宝葫芦的秘密    《巨人的花园》  《海的女儿》  第27课:想象情景进行创编。
书    (节选)》    1.体会童话中  1.感知故事与人物; 第28课:将情感体验融入再
     1.梳理出故事的主  人物形象的真  2.自选创编,为最   创编。
     要内容、情节;    善美;       终任务作准备。
     2.延伸课外阅读。  2.创编故事片段。
                                      走进生活,
                                   放飞想象,展现个性
整   走进《宝葫芦的秘密》《王尔德童话》《安徒生
本   童话》感知故事内容→体会人物形象→自选进
书   行创编
```

任务启程:梳理与探究(明确活动内容,明晰最终成果与标准)。

同学们,四年级要开展"老故事,新风采"大舞台活动啦!请你把熟悉的经典故事重新创编,用自己喜欢、擅长的方式(如故事小报、连环画、音视频故事会、情景剧表演等)展现出来吧。每位同学既是参演者,也是评委哦。

大家来商量一下,我们可以从哪些方面评价大家的作品,都请谁来评价我们的作品呢?(商议、确定)

评价内容及标准	星级评价		
	自 评	生生互评	师 评
1.故事新编表达清楚。			
2.故事新编有创意,生动有趣。			
3.用自己喜欢、擅长的方式进行展示,有特色,效果好。			
说明:基本符合☆ 比较符合☆☆ 完全符合☆☆☆			

任务一：阅读与鉴赏（读故事，品经典）

为了在"老故事，新风采"这个活动中展示自己的奇思妙想，我们就得先仔细了解经典老故事，看看这些故事奇妙在哪里，才能一直受大家欢迎。这对我们自己进行故事新编一定有帮助！

活动1：童话故事探秘

1. 读了《宝葫芦的秘密（节选）》《巨人的花园》《海的女儿》这三篇童话，你发现故事的奇妙之处了吗？请选择你喜欢的形式，把你读懂的故事情节梳理出来。

可选择学习支架（故事内容情节可用关键词、小标题在图中标注），也可以采用表格或者文字表述的方式。

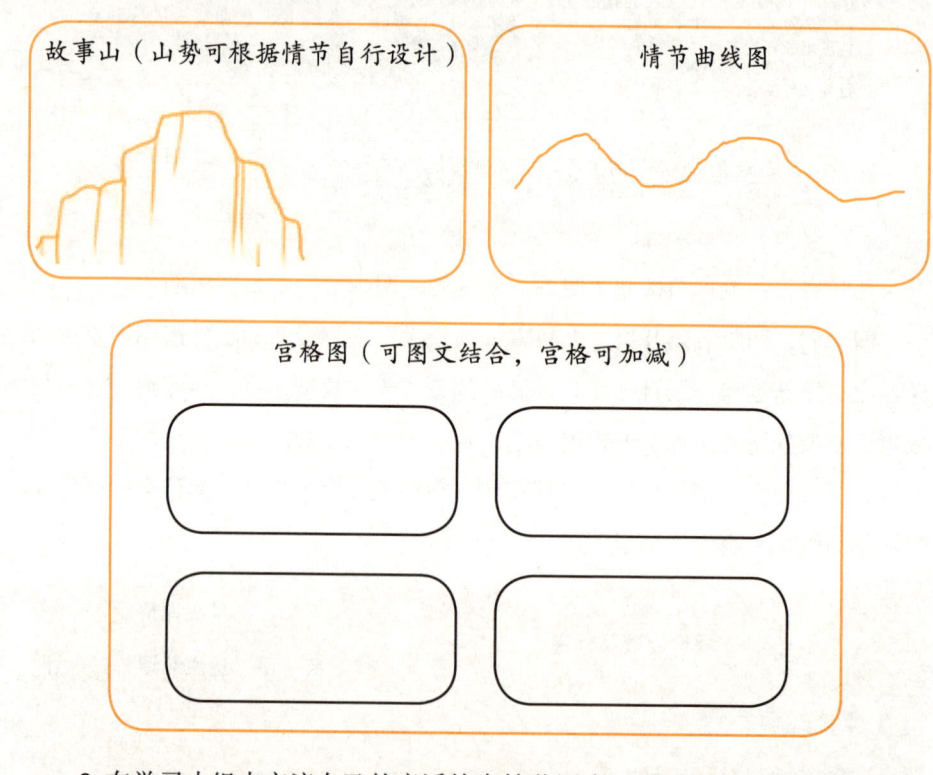

故事山（山势可根据情节自行设计）

情节曲线图

宫格图（可图文结合，宫格可加减）

2. 在学习小组内交流自己的童话故事情节图表，看看同学们的作品对你是否有新的启发；可以完善自己的故事情节图表。

活动2：童话故事揭秘

三个童话故事哪个最打动你，让你觉得最奇妙？你想怎么把这奇妙之处讲给别人听？

1. 请你利用课文后识字表、生字表中的字，把《宝葫芦的秘密（节选）》《巨人的花园》《海的女儿》这三个童话故事的奇妙之处简要写一写。

> "奇妙"我分享
>
> 童话故事：_____
> 我想选用的汉字：_____
> 这个童话故事最奇妙的是：_____
> _____
> _____
> _____

2. 揭秘之旅——延读童话故事。

王葆真的得到宝葫芦时，他逐渐认识到靠宝葫芦不劳而获带给他的是烦恼。这是怎么回事呢？

小人鱼为什么会死去，她到底经历了什么？

选择你感兴趣的作品去读一读；可以选用故事山、情节曲线图、宫格图、分享单等形式把你读后的收获、感受记录下来。

3. 把你读童话后最喜欢的语句用书签的形式积累下来。

书签的做法参看"语文园地"中的"书写提示"。

任务二：梳理与探究（讲故事，品人物）

童话的奇妙源于故事中的人物，本单元这三个童话故事的人物也一定给你留下了深刻的印象，尤其是在你读过原著之后，对人物可能有了更全面的认识。

活动1：打动我的人物形象

1. 绘制人物图谱（选择喜欢的形式，为故事的主人公王葆、巨人、小人鱼绘制人物图谱)。

人物卡式：

人物卡

童话人物：_____
出自作品：_____
这个人物给我留下的印象：_____
_____
_____
之所以这样说，是因为：_____

思维导图式：

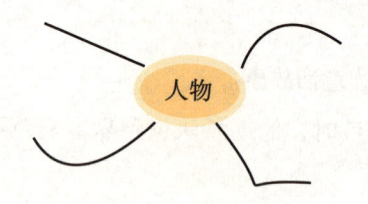

人物

表格式：

人物	出自作品	形象特点	我的依据
王葆			
巨人			
小人鱼			

2.展示大家的人物图谱，针对你感兴趣的图谱可以向作者进行采访、提问。

3.大讨论：王葆贪心，巨人自私，小人鱼结局太悲惨，这几个人物值得我们喜欢吗？

活动2：创编片段

1. 人物的塑造离不开词语的准确运用，语句的生动形象。让我们先来闯闯关吧。

（1）第一关：词语巧运用。

①选词填空。

慰藉　　安慰

◇这时候，小小的天窗是你唯一的（　　　）。

◇每当我伤心难过时，总会得到好朋友小杰的（　　　）。

忘记　　忘怀

◇这个字怎么写？我（　　　）了。

◇任岁月潺潺流淌，不能（　　　）的，始终是老师深情的目光。

②小组内互相挑战：你还能找到这样意思相近的词语吗？请你来选一选、填一填。

（2）第二关：语句更生动。

学习"语文园地"中描写冬天的语句写法，尝试运用拟人手法、抓住典型事物（动物、植物等）来写写你喜欢的季节。

我喜欢的 ＿＿＿＿（季节）

＿＿＿＿＿＿＿＿＿＿＿＿＿＿＿＿＿＿＿＿＿＿＿＿＿＿＿＿＿＿＿
＿＿＿＿＿＿＿＿＿＿＿＿＿＿＿＿＿＿＿＿＿＿＿＿＿＿＿＿＿＿＿
＿＿＿＿＿＿＿＿＿＿＿＿＿＿＿＿＿＿＿＿＿＿＿＿＿＿＿＿＿＿＿

组内互相读一读，互相点评；再修改完善。

2. 讲故事我们在行，编故事也不在话下，让我们来初试身手吧。

自选内容，运用前面的故事支架创编故事片段。

（1）奶奶给王葆讲了哪些故事？选一个进行精彩片段创编。

（2）发挥想象，把孩子们在巨人的花园里尽情玩耍的情景写下来。

（3）小人鱼还可能有其他结局吗？

3. 把故事片段在组内分享，进行自评互评。

任务三：表达与交流（编故事，展风采）

我们分享了各自创编的故事片段，接着向完整故事进发吧。

活动1：故事新编

1. 故事分享：《龟兔赛跑》新编。

可以参考书中提示，还可以自由想象；在组内讲一讲自己的故事新编《龟兔赛跑》。

2. 自由创编。

任选一个自己熟悉的故事，借助前面学习活动中使用过的故事山、情节图、思维导图等理出思路，再把自己的《××故事新编》写下来；自己读一读，再读给别人听一听。

3. 评议修改。

运用评价表进行评价，并根据大家的建议完善自己的故事新编。

评价内容及标准	星级评价		
	自 评	生生互评	师 评
1. 故事新编表达清楚。			
2. 故事新编有创意，生动有趣。			
说明：基本符合☆　比较符合☆☆　完全符合☆☆☆			

活动2："老故事，新风采"大舞台

1. 根据创编的故事，发挥自己的专长，进行图文结合、音视频辅助、情景剧表演等展示形式的设计，参与"老故事，大舞台"展示活动。

2. 每位同学在展示的基础上，运用大家议定的评价表对自己的作品和同学们的作品进行评价。

三、如何评价这个作业

在"老故事，新风采"大舞台这一真实可参与的情境中，根据学生在不断进阶的学习任务中表现出的语言运用、综合实践的能力，进行系列星级评价。

根据不同任务板块，采用阶段性评价对学生识字与写字、阅读与鉴赏、梳理与探究、表达与交流中的思维外化——可视化学习成果进行多主体的星级评价，并以阶段性评价作为作业完善、学习任务达成的推进器，最终指向单元整体学习任务的有效完成。

具体评价说明：

评价阶段	学习成果	具体评价内容	评价指标及对应等级
任务一	故事梳理	1.借助故事山、曲线图、宫格图等梳理出故事的主要内容、情节。	完全符合☆☆☆：借助故事山、曲线图、宫格图等梳理出故事的主要内容、情节，准确、完整、清晰。
			比较符合☆☆：借助故事山、曲线图、宫格图等梳理出故事的主要内容、情节，基本准确、完整。
			基本符合☆：选用支架还存在问题，梳理故事的主要内容、情节有遗漏。
	"奇妙我分享"故事卡及故事讲述	2.制作故事卡，把童话的奇妙之处讲给伙伴、家人听。	完全符合☆☆☆：能利用课文后识字表、生字表中的字，任选《宝葫芦的秘密（节选）》《巨人的花园》《海的女儿》之一，把童话故事的奇妙之处简要写一写，写得清楚，没有错别字，有自己的感受，并能把奇妙之处讲述给别人。
			比较符合☆☆：能利用课文后识字表、生字表中的字，任选《宝葫芦的秘密（节选）》《巨人的花园》《海的女儿》之一，把童话故事的奇妙之处写出来，比较清楚，错别字1～2个，有自己的感受，并能把奇妙之处讲述给别人。
			基本符合☆：能利用课文后识字表、生字表中的字，任选《宝葫芦的秘密（节选）》《巨人的花园》《海的女儿》之一，把童话故事的奇妙之处写出来，错别字3～5个，并能借助提示把奇妙之处讲述给别人。

续 表

评价阶段	学习成果	具体评价内容	评价指标及对应等级
任务二	人物图谱	3.体会童话中人物形象的真善美，能通过人物卡、思维导图、表格等形式展现自己对人物的理解。	完全符合☆☆☆：能通过人物卡、思维导图、表格等形式展现自己对人物的准确理解，没有错别字，能在组内与大家分享。 比较符合☆☆：能通过人物卡、思维导图、表格等形式展现自己对人物的理解，比较准确，错别字1～2个，能在组内与大家分享。 基本符合☆：人物图谱支架使用需要帮助，能写出对人物的理解，错别字3～5个，在组内与大家分享时需要借助提示。
任务二	故事片段创编	4.运用提示支架及不同的表达方法，创编故事片段。	完全符合☆☆☆：运用提示支架及不同的表达方法，创编故事片段，表达准确、生动，没有错别字。 比较符合☆☆：运用提示支架及不同的表达方法，创编故事片段，表达准确，错别字1～2个。 基本符合☆：能在帮助下运用提示支架，创编故事片段，表达基本准确，错别字3～5个。
任务三	故事新编	5.自由选取经典故事，运用小标题、情节图、人物图谱等形式，多角度、多预设进行故事新编。	完全符合☆☆☆：选取自己喜欢的故事，运用小标题、情节图、人物图谱等形式展开创编，多角度进行故事新编，表达准确生动，没有错别字。 比较符合☆☆：选取自己喜欢的故事，运用小标题、情节图、人物图谱等形式展开创编，表达准确，错别字1～2个。

续 表

评价阶段	学习成果	具体评价内容	评价指标及对应等级
任务三	"老故事，新风采"大舞台展示	6.进行图文结合、音视频辅助、情景剧表演等展示形式的设计，展示有特色，效果好。	基本符合☆：选取自己喜欢的故事，在提示下运用小标题、情节图、人物图谱等形式展开创编，表达基本准确，错别字3～5个。
			完全符合☆☆☆：根据自己的特长及作品特点，进行图文结合、音视频辅助、情景剧表演等展示形式的设计，展示有特色，效果好。
			比较符合☆☆：根据自己的特长及作品特点，进行图文结合、音视频辅助、情景剧表演等展示形式的设计，能进行展示，基本展现故事新编的内容。
			基本符合☆：在帮助下，根据自己的特长及作品特点，进行图文结合、音视频辅助、情景剧表演等展示形式的设计，能进行展示。

注：图文作品可制成展板或贴于班级文化墙上；音视频作品、情景剧等可安排年级展演或在线观看等形式。每人除作自评外，可任选自己感兴趣的六份作品互评。

通过不断进阶的学习任务评价，促使学生在文学作品阅读中体验丰富的情感，尝试用不同的方式进行创意表达，在分享、互评中不断反观、完善自己的作业。在人人可参与的真实任务中综合运用多门课程知识和方案解决实际问题，提升阅读鉴赏、梳理探究、表达交流的水平。

北京市门头沟区教育研修学院　张欣

第五章

五年级单元整体作业创意设计

第一节

争做"高效阅读小达人"

——五年级上册阅读策略单元整体作业创意设计

第一部分 作业呈现

一、单元内容简介

为了促使学生的阅读理解，提高阅读教学的有效性，统编版小学语文教材三到六年级上册中分别安排了四个"阅读策略"单元，其目的就是让学生学会一些阅读策略并运用这些策略进行阅读。五年级上册第二单元安排的是阅读策略单元——学习提高阅读速度的方法。围绕该阅读策略，教材安排了《搭石》《将相和》《什么比猎豹的速度更快》《冀中的地道战》这四篇不同体裁的文本，每篇课文都安排了学习提示，与课后练习相照应，介绍提高阅读速度的具体方法，又通过"交流平台"对本单元学习的相关方法进行梳理和总结，加上"语文园地"中的相关练习，有层次、有梯度地落实该教学目标。

安排本单元的目的，旨在引导学生学习提高阅读速度的方法，并自觉运用到阅读实践中，逐渐养成良好的阅读习惯。如何更有效地让学生习得提高阅读速度的方法？可对接学生学习生活，设计情境教学，走进学校图书馆举办的"高效阅读小达人"评选活动的情境中，引导学生利用教材学习资源，通过"规则辨认—尝试运用—独立实践—策略总结"等阶段，经历"阅读与理解—

归纳与梳理—迁移与运用—评价与总结"的学习与思考过程，让学生掌握阅读方法，提高阅读速度，形成语文素养。

二、单元整体作业设计

（一）作业目标

1.通过文本阅读，结合自己的阅读实践，明白提高阅读速度的方法与目的，并能够梳理归纳。

2.通过实践活动，清楚提高阅读速度是为了更高效地提取有用信息，为自己的阅读与表达需要服务。

3.通过情境活动，迁移所学策略方法，有效提升自己的阅读速度，并逐步形成良好的阅读习惯。

（二）作业内容

学校图书馆要举行首届"高效阅读小达人"挑战赛活动。据悉，比赛规则为——完成时间：40分钟；阅读材料：不同类型的文章共6篇（节）；20分钟后上交所有文章，凭阅读记忆20分钟内完成答题；有效阅读速度率前30名的同学将被学校授予首届"高效阅读小达人"的称号。难度不小啊！作为高年级同学，我们要奋勇当先，拿出最好的状态积极备赛。

子曰："工欲善其事，必先利其器。"正好五年级上册第二单元就是如何提高阅读速度的策略单元，这就是我们完成任务的锦囊。我们准备开展"学习提高阅读速度方法，争做快速高效阅读达人"主题学习活动，分成"探索阅读策略""依托文本实践""尝试迁移运用""系统归纳总结"四个学习任务。你若能快速高效完成上述四个任务，那你离"高效阅读小达人"就不远啦！

事不宜迟，让我们赶快行动起来吧。

（三）作业标准

1. 创设的真实情境能够激发学生积极主动参与学习实践活动，乐于表达与交流。

2. 表格作业设计能够让学生有效掌握提高阅读速度的方法，提升梳理与归纳、表达与交流能力。

3. 测试环节设计能够让学生学以致用，迁移运用所学方法，提高阅读速度，提升语文素养。

<table>
<tr><th colspan="7">争做"高效阅读小达人"作业整体评价</th></tr>
<tr><th rowspan="2">分类</th><th rowspan="2">描述</th><th colspan="3">等级（画√）</th><th colspan="3">评价方式（画√）</th></tr>
<tr><th>优秀</th><th>良好</th><th>达标</th><th>自评</th><th>互评</th><th>师评</th></tr>
<tr><td>态度</td><td>结合课上所学，积极主动地参与挑战活动，回顾总结经验，探究阅读方法，乐于交流分享，完成考核作业，不断完善单元作业。</td><td></td><td></td><td></td><td></td><td></td><td></td></tr>
<tr><td>方法</td><td>能够运用学过的阅读方法，提升阅读速度，总结阅读策略。</td><td></td><td></td><td></td><td></td><td></td><td></td></tr>
<tr><td rowspan="2">成果</td><td>完成的表格正确率高，完成阅读PK用时短，书写整洁。</td><td></td><td></td><td></td><td></td><td></td><td></td></tr>
<tr><td>完成个人阅读策略宝典，条理清晰，内容完整，方便阅读与使用。</td><td></td><td></td><td></td><td></td><td></td><td></td></tr>
<tr><td>收获反思</td><td colspan="6">（自己的收获、反思或疑问）</td></tr>
</table>

第二部分
作业说明

一、为什么设计这个作业

随着时代的发展，我们越来越深刻地感受到，对知识的记忆要求越来越低，随之而来的是对知识的理解、整合、关联、建构、创造的要求不断提升，高阶思维能力的培养至关重要。由此，教学的关键不是传授知识本身，而是帮助学生形成获得知识的方法、策略和经验；教师教的重点不是书本的内容，而是通过书本去教学生怎么学习，提升思维品质。

《课标2022》"课程理念"中的"构建语文学习任务群，注重课程的阶段性与发展性"，强调义务教育语文课程结构遵循学生身心发展规律和核心素养形成的内在逻辑，以生活为基础，以语文实践活动为主线，以学习主题为引领，以学习任务为载体，整合学习内容、情境、方法和资源等要素，设计语文学习任务群。这就意味着教师要站在更高的角度，把握理念，追寻规律，统筹规划，创造性地进行课程的整体设计。

从学生的角度来说，也是为了落实"增强课程实施的情境性和实践性，促进学习方式变革"这一要求，义务教育语文课程实施从学生语文生活实际出发，创设丰富多样的学习情境；设计富有挑战性的学习任务，激发学生的好奇心、想象力、求知欲，促进学生自主、合作、探究学习；引导学生注重积累，勤于思考，乐于实践，勇于探索，养成良好的学习习惯；关注个体差异和不同的学习需求，鼓励自主阅读，自由表达，注重培养读书兴趣，提升读书品味；拓展语文学习空间，提升语文学习能力。

统编小学语文教科书以单元整组的形式独立编排四个阅读策略学习内容，并设计了一系列学习实践活动内容，使之成为一个完整的、独立的课程单元。这种策略单元的设置，有利于学生系统掌握阅读策略，有效提升阅读效率，逐步形成阅读能力，进而促进学生语文素养的形成。

众所周知，有效教学的必要条件之一就是不仅要让学生懂得"我们要到哪里去"（目标），更要知道"怎样到那里去"（过程和方法）。从心理学的角度来看，读懂属于认知，怎么读懂属于元认知。将语文教学的关注点从认知层面提升到元认知层面，这是统编小学语文教科书的一个创举。策略属于元认知知识，包括学习策略、阅读理解策略和自我监控等方面的内容。三到六年级逐级编排的四个策略单元——预测、提问、阅读要有一定的速度和有目的地阅读，对于促进教师教育观点和教学方式的变革，对于改变长期以来学生被动学习的状态，让他们成为更加积极、主动的阅读者，都发挥着极其重要的作用。

基于上述理解，我们对接学生的学习生活，设计真实的教学情境——走进学校图书馆举办的"争做'高效阅读小达人'"评选活动，引导学生利用教材学习资源，通过"规则辨认—尝试运用—独立实践—策略总结"等学习阶段，经历"阅读与理解—归纳与梳理—迁移与运用—评价与总结"的学习与思考过程，让学生通过自主学习，掌握阅读方法，提高阅读速度，形成语文素养。

二、怎样完成这个作业

任务一： 探索阅读策略——明确策略单元要素，探讨具体学习方法

1. 明确单元阅读策略。

（1）发布学校图书馆要举行"高效阅读小达人"挑战赛的通知。

（2）回顾以前阅读策略的学习及自己的阅读经验，完成下面的表格，并和同伴进行交流、归纳、完善。

年级	单元	阅读策略名称	具体策略
三年级	三上第四单元		
四年级	四上第二单元		
……	自己的经验		

（3）阅读单元导语页，厘清本单元阅读策略的概念。

阅读要有一定的速度，指学生能在规定时间内，正确理解和把握阅读文

本，获得需要信息的能力。这里的"规定时间"是针对语文课程标准"默读有一定的速度，默读一般读物每分钟不少于300字"的要求而言的，因此这里的"有一定的速度"不是指快速阅读。

2. 探究具体学习方法。

（1）自主阅读本单元的各个板块，试着完成运用提高阅读速度的方法一览表。

课文题目	《搭石》	《将相和》	《什么比猎豹的速度更快》	《冀中的地道战》
文章文体				
使用方法				
阅读时间				
自我评价（涂星星）	☆☆☆	☆☆☆	☆☆☆	☆☆☆

（2）小组合作交流，自评并进一步修正完善表格。

（3）全班交流汇报，落实每篇课文采用的提高阅读速度的方法。

任务二：依托文本实践——抓住不同文本题材，有序落实教学目标

1. 分别运用任务一所学的提高阅读速度的方法进行自主学习，完成表格中的"阅读并理解"，在规定时间内完成阅读理解问题，并分课记下完成时间，完成自评。

课文题目	《搭石》	《将相和》	《什么比猎豹的速度更快》	《冀中的地道战》
文章文体	散文	历史故事	说明文	记叙文
使用方法	集中注意力，不回读	扩大视域，连词成句	边读边想，抓关键句	带着问题读
阅读时间				
自我评价（涂星星）	☆☆☆	☆☆☆	☆☆☆	☆☆☆

续 表

课文题目	《搭石》	《将相和》	《什么比猎豹的速度更快》	《冀中的地道战》
阅读并理解（可用关键词表示）	问题：课文围绕"搭石"描写了哪几个画面？从中体会到了一种什么情感？ 理解：	问题：文中的"将"和"相"分别指谁，分别讲了哪几个故事？ 理解：	问题：你抓了哪些关键句？根据关键句，完成课后第二题。 理解：	问题：地道战是什么样的，在地道里如何打仗？ 理解：
完成后所用时间				
同伴评价（涂星星）	☆☆☆	☆☆☆	☆☆☆	☆☆☆

此环节可以设置成PK赛的形式，以激发学生学习的投入度。

2. 小组同伴进行相互评价，并进行交流碰撞。

任务三：尝试迁移运用——举办班级阅读小达人比赛，进行有效实战演练

1. 全班参与，实战演练。

（1）教师公布实战演练命题，发布班级阅读小达人比赛通知。

命题要求：

①仿照单元课文文体进行选文（记叙文或故事类文本可以选择"漫画"老师的相关习作，为单元习作积累素材）；

②阅读理解的问题也应和教材课文的课后问题类似；

③根据文章长短，合理设置比赛时间。

（2）进行班级阅读小达人比赛，教师做好时间记录，完成比赛。

比赛规则：

①同一考场，同一试题；

②同一时间开始阅读材料，学生完成后即可立即提交阅读材料，并由老师

准确记录该生完成时间；

③学生开始凭借理解记忆答题，规定时间内上交答卷。

2. 公平公正，确定人选。

（1）教师进行阅卷，并计算学生的"阅读速度"。

阅读速度的计算：学生的阅读理解正确率乘以文本字数除以阅读时间。

（2）宣布阅读挑战赛成绩，公布成功晋级校级挑战赛的同学名单。

任务四： 系统归纳总结——梳理归纳策略方法，明确有效阅读延展

1. 梳理总结阅读策略。

（1）阅读速度较高的同学介绍自己的阅读经验。

（2）全班进行梳理总结，形成"阅读策略宝典"。

2. 明确有效阅读延展。

同学们，下周就要开启"民间故事"单元，"快乐读书吧"推荐了《中国民间故事》《非洲民间故事》《欧洲民间故事》等多本著作，这么多神奇的故事等着你去阅读，怎么能把这些故事很快读完，并读有所获呢？需要你们运用在阅读策略单元里所学的阅读方法进行阅读，相信你以后的阅读一定会快速而高效的哦！

三、如何评价这个作业

（一）作业的评价是多元并分步进行的

任务一是采用自评的方式进行的，详见具体板块里的相关评价。

任务二是采用互评的方式进行的，详见具体板块里的相关评价。

任务三是采用量化评价的，老师根据阅读效率进行量化评定。

（二）评价建议

1. 注重评价形式的灵活使用，根据不同学习任务群中学生完成任务的形式及学习参与情况进行相应的评价。

任务一、任务二属于过程性评价。任务一采用的是自评，主要是因为：这个板块同学们自主学习并完成表格的填写，他们能够在每篇课文前面的导语栏及"语文园地"里的"交流平台"里找到固定答案，这种提取信息的能力相对较为简单，大部分同学都能独立完成。任务二是小组同伴互评并完成表格的填写，要让学生清楚评价标准，合理使用评价工具，形成评价结果。当然，无论是自评或互评，教师绝不能做甩手先生，要根据学生自评或互评中出现的问题及时引导，进行再评价，引导学生内化评价标准，把握评价尺度，在评价中学会评价。

任务三属于阶段性评价。通过比赛的方式，由教师主要评价，原因有三：一是这种比赛形式的评价，具有一定的权威性，要求具有极高的正确率，教师进行评价就会相对更加科学精准、客观公正；二是教师对于学生实操性结果进行评价，能更清楚了解学生掌握这种技能的情况，反思自己的教学过程，以利于更好地调整教学设计。三是这种评价操作较为复杂，答案和思路多种多样，适宜教师进行评价。

2. 评价的量化标准。学生自评或相互评价一般采用星级评价，这种区分度不是特别明显的评价适合孩子们进行自评或互评；教师的评价采用的是区分度较大的量化评价。

3. 评价的目的和意义。评价的目的和意义在于鼓励进步，在于发现问题，不是进行等级排列。尤其是要重视评价的维度，注重自己的现在与以前的纵向比较，而不是与其他同学进行横向比较。评价要注意发挥其激励作用，多鼓励，多表扬。

（三）可视化作业成果

1. 完成了几个表格。
2. 研制了"阅读达人"挑战卷。
3. 形成了"阅读策略宝典"。

人大附中亦庄新城学校　高学雷

第二节

"说明白了"为成功

——五年级上册习作单元整体作业创意设计

第一部分 作业呈现

一、单元内容简介

"说明文以'说明白了'为成功。"叶圣陶先生的这句话直接击中说明文的成文要领，也道出了阅读说明文的简明"入口"。

五年级上册第五单元是习作单元，整个单元以语文要素为统领，以习作资源为内容，以习作实践为过程，以习作成果为终点，构建形成了一次习作教学的闭环。基于对教材的理解，为落实语文要素，在设计本单元的作业时，我们始终围绕教学目标"用恰当的说明方法，把某一种事物介绍清楚"进行展开，以"品科学之趣，落要素之实；绘万物之彩，习表达之法"为任务，设计了"思维再现""语言习得""阅读闯关""挑战白鹭""锦囊妙计""习作发布"等6个活动12个作业内容，6个活动都指向单元核心目标"写"，使整个单元成为互相联系的有机整体，最终形成如何写好说明性文章的结构化认知，让学生明明白白学，清清楚楚写！

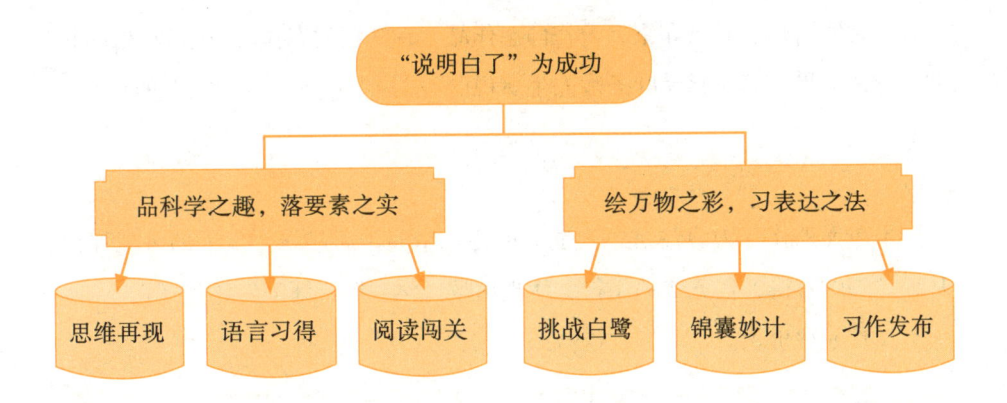

```
              "说明白了"为成功
              ／        ＼
    品科学之趣，落要素之实    绘万物之彩，习表达之法
      ／   ｜   ＼         ／   ｜   ＼
   思维再现 语言习得 阅读闯关  挑战白鹭 锦囊妙计 习作发布
```

二、单元整体作业设计

（一）作业目标

1. 借助思维导图的方式把握文章《太阳》《松鼠》的主要内容，能分条记录获取的信息。初步了解列数字、作比较、举例子等基本的说明方法及表达效果。通过两篇课文、两篇习作例文的对比，能交流、总结说明性文章的特点，初步体会说明性文章不同的语言风格。

2. 通过课外材料的对比阅读，能进一步体会说明性文章不同的语言风格，结合材料体会运用说明方法的好处并进行"初试身手"的练习。

3. 借助习作发布会的真实任务，能运用恰当的说明方法，分段介绍一种事物的不同方面，写清楚这种事物的主要特点。

（二）作业内容

同学们，大千世界，万事万物，皆有学问，很多都值得记录下来，值得更多人了解和知晓。那么这单元学习结束后，我们将举办一次习作发布会的活动，评选"习作达人"。

我们以"品科学之趣，落要素之实——任务驱动激活言语思维；绘万物之彩，习表达之法——多维实践发展语言能力"为主旨，紧扣单元的人文主题，将作业内容、题型、评价进行趣味性、多元性设计；统整单元，将提升语文核心素养的目标分解落实到作业中，实现素养的积累与螺旋上升。

白鹭明信片、景点介绍、习作静态作品、音视频动态作品等呈现出我们实践学习的成果，真正感受叶圣陶先生所说的"'说明白了'为成功"的意义。

（三）作业标准

本单元的作业内容注重学生能力的逐步培养，通过线上线下的多元评价、从任务一的习得到任务二的用得，体现出教、学、练、评的完整过程。

1. 作业评价表。

自　评	组　评	师　评	总　评
☆☆☆☆☆	☆☆☆☆☆	☆☆☆☆☆	☆☆☆☆☆
乐于思考和交流是一种好习惯！你的作业完成得如何呢？请用彩笔涂星星进行评价！			

2. 习作评价单：结合习作导语中的要求形成"习作评价单"，梳理出评价要点"写清楚事物的主要特点，用上恰当的说明方法，分段介绍事物的不同方面，语句通顺，结构完整"，采用自评、组评、师评的形式进行线上、线下的评价。习作评价单有效落实了本单元习作的要求和语文要素，对于学生尝试运用多种说明方法写清楚一种事物的特征这一输出表达进行了效果检验。

第二部分 作业说明

一、为什么设计这个作业

首先是学生语文学科素养发展的需要，它的形成离不开两个重要处理：一是学生积极的语言实践，二是语言运用情境。学生积极的语言实践是他们主动运用祖国语言文字去理解、表达交流、解决问题的过程，是用语言做事的过程，包括识字与写字、阅读与鉴赏、表达与交流、梳理与探究等语言运用的实践活动。

其次是学生学习特点的需要。学生学习语文、运用语言的目的，有时候是自觉的、清晰的；有时候是自发的、不清晰的。要使学生在学校的语文学习变成一种在真实的语言运用情境中积极的语言实践，就需要老师选择恰当的学习主题，设计有意义的语文学习任务；同时，还要用学习主题来凸显语文学习的意义，用学习任务来引发和驱动学生的语文学习，用学习主题和学习任务把学生自身的需要和社会对儿童的要求联系成一个有机的整体。本单元的作业设计正是抓住了语言运用情境创设、语文学习主题和学习任务设计、语文实践活动的组织和引导这几个关键环节，有效地为学生的语文学科核心素养的发展与提升创设了条件。

最后是文本题材的需要。说明文作为一种科学严谨的文学体裁，具有较强的科学价值。在这个说明文习作单元中，以叶圣陶先生的"说明文以'说明白了'为成功"作为本单元的学习主题。在教师的带领下，将精读课文《太阳》《松鼠》中隐藏在文本中以静态的形式呈现出来的说明方法，《鲸》《风向袋的制作》中以动态的形式显现在批注之中的说明方法，通过"品科学之趣"的任务驱动激活言语思维，落实语言要素。"绘万物之彩，习表达之法——多维实践发展语言能力"作为本单元的另一个任务，直接指向表达能力的提升。从实践入手，寻找写作的素材；借助导图运用，明晰行文思路；借习作发布，让表达更加自然。通过一系列活动，突出了学生的语言实践。

二、怎样完成这个作业

任务一： 品科学之趣，落要素之实

根据教学的具体情况，以"品科学之趣，落要素之实——任务驱动激活言语思维"为任务灵活布置课堂作业，创设闯关的形式激发学生的兴趣。设计了思维导图的形式加深学生对说明方法的认识，更好地体现作业的梯度和层次性。针对"初步体会说明性文章的不同语言风格"，设计了四篇文章的对比阅

读作业，从而激活学生的言语思维能力。

活动1：思维再现

回顾《太阳》和《松鼠》这两篇课文，分条记录获取的信息和相应的说明方法，完成思维导图。

作业内容1：我们一起走进《太阳》和《松鼠》这两篇课文，采用分条记录获取信息的方式完成思维导图。

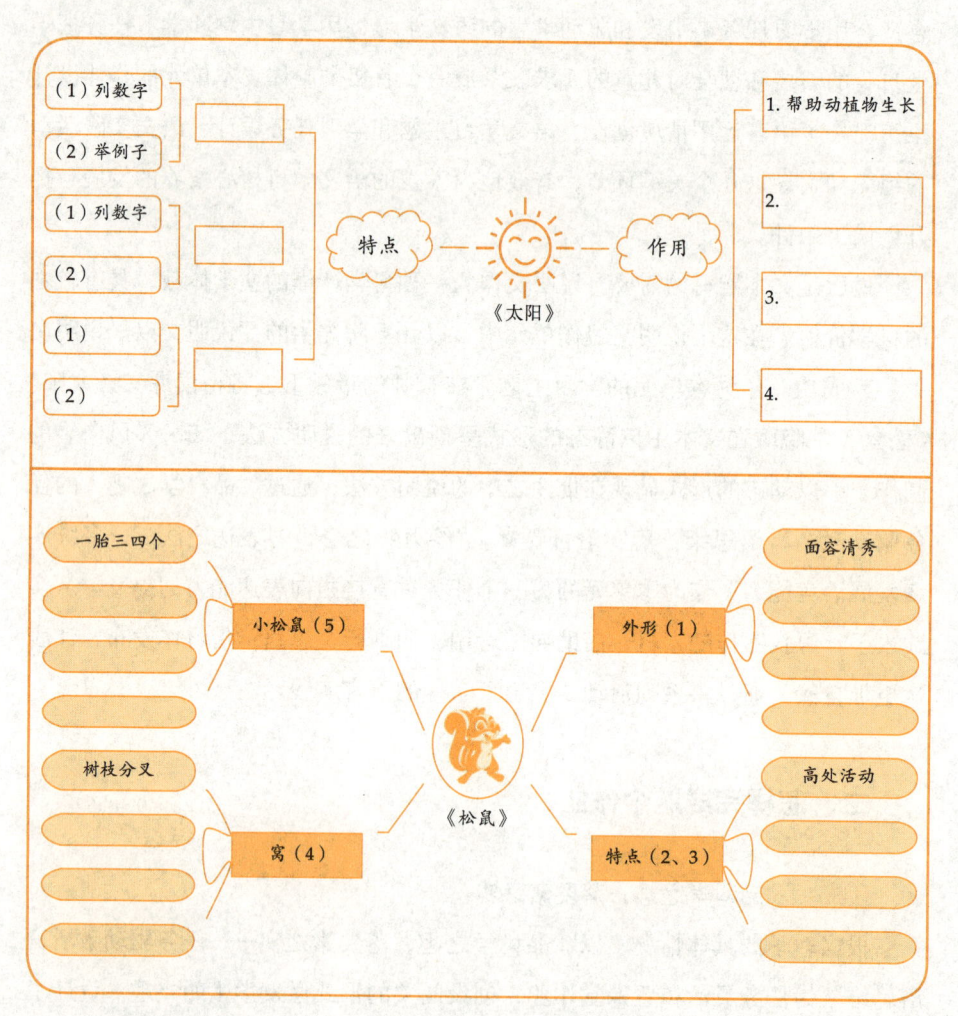

活动2：语言习得

回顾两篇讲读课文和两篇习作例文，体会说明性文章语言风格的不同。

作业内容2：让我们继续走进表格，根据所给选文的句子进行概括，感悟说明性文章的不同语言风格。

文　章	句　子	表达效果	相同点	不同点
《太阳》	太阳离我们约有一亿五千万千米远。到太阳上去，如果步行，日夜不停地走，差不多要走三千五百年；就是坐飞机，也要飞二十几年。	语言风趣活泼（　） 语言准确平实（　）		
《松鼠》	它们面容清秀，眼睛闪闪有光，身体矫健，四肢轻快。玲珑的小面孔，衬上一条帽缨形的美丽的尾巴，显得格外漂亮。	语言风趣活泼（　） 语言准确平实（　）		
《鲸》	我国发现过一头近四十吨重的鲸，约十八米长，一条舌头就有十几头大肥猪那么重。	语言风趣活泼（　） 语言准确平实（　）		
《风向袋的制作》	第三，剪下4根长约10厘米的塑料绳，在袋口边缘分别扎4个小洞。	语言风趣活泼（　） 语言准确平实（　）		

活动3：阅读闯关

根据实际情况创设闯关环节，待学生完成课内作业后，阅读课外文本，了解"祝融号"的文化意蕴及其特点，强化分条记录获取信息等能力，使语言建构、思维发展、文化传承融为一体，将核心素养的发展落实到课外阅读中。阅读材料一、二完成下面的练习，能分析材料中所使用的说明方法及说明的好处，并将有关信息分条记录下来。

作业内容3：学习完毕，让我们尝试默读下面的材料，一起开始闯关吧！

【材料一】"湘西辣子鸡"真是太辣了！饮食界将辣度分为5级，"湘西辣子鸡"可达4.8级。剁椒鱼头、尖椒鸡、毛血旺、干锅辣鱼这些老牌的湘菜、川菜以辣得名，但比之"湘西辣子鸡"望尘莫及，这让一些无辣不欢的老食客望而却步。在湘西有一家饭店，老板与点"湘西辣子鸡"的食客约定，如果吃这道菜产生不良后果，饭店不承担责任。

【材料二】祝融，在中国传统文化中被尊为最早的火神，象征着我们的祖先用火照耀大地，带来光明。中国将首辆火星车命名为"祝融号"，寓意点燃我国星际探测的火种，指引人类不断探索浩瀚星空。

"祝融号"火星探测车总重量240公斤，尺寸是长3.3米、宽3.2米、高1.85米，其在火星上的行进速度是200米/时，使用的是太阳能电池板为动力。"祝融号"搭载了多种科学探测仪器，如探地雷达，可以对火星表面100米以下地层进行探测；火星表面磁场探测器，检测火星表面磁场；火星气象测量仪，用于监测火星表面温度、压力、风场和声音等的时间和空间变化。

（1）材料一中画横线的句子运用了_____和_____的说明方法，具体准确地说明了_____。

（2）阅读材料二，你能梳理有关"祝融号"火星探测车的信息并分条记录下来吗？

任务二：绘万物之彩，习表达之法

学生对说明方法的习得与综合运用，尝试将一个事物说明白是本单元的终极目标。围绕单元学习资源，我们安排了第二个学习任务"绘万物之彩，习表达之法——多维实践发展语言能力"，设计了"从实践入手，寻找写作的素材——挑战白鹭；借助导图运用，明晰行文思路——锦囊妙计；借习作发布会，让表达更加自然——习作发布"等活动。多维学习实践的综合融通，极大地激发学生自主学习、自主写作、自我展示的学习内驱力。

活动1：挑战白鹭

结合"初试身手"的教学重点，首先以白鹭明信片、白鹭档案的形式进行简单直观的介绍，再结合搜集的资料进行两种文体的比较学习；再尝试用不同的说明方法介绍事物的特点。

作业内容4：结合第一课《白鹭》，仔细观察其外形特点并尝试用自己的语言进行描述。

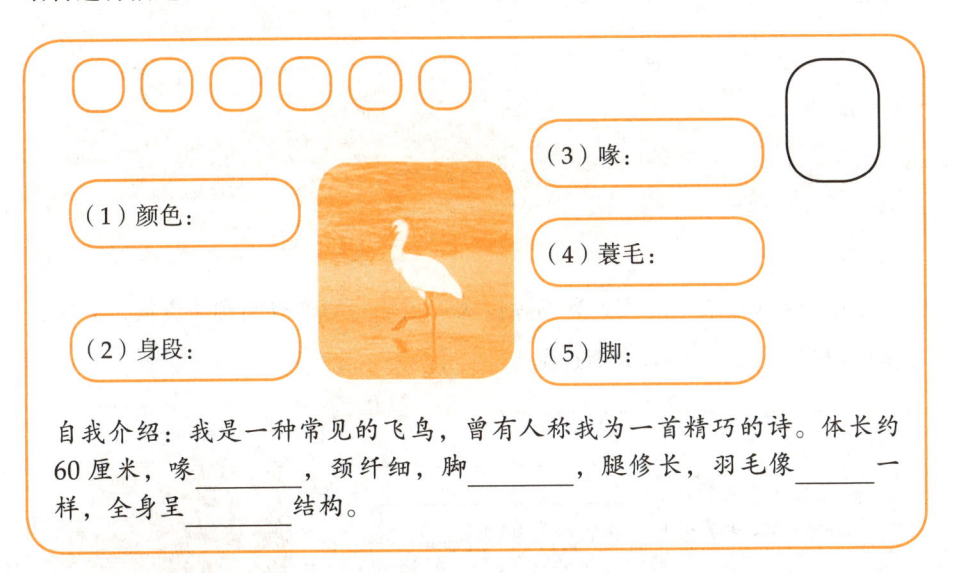

（1）颜色：

（2）身段：

（3）喙：

（4）蓑毛：

（5）脚：

自我介绍：我是一种常见的飞鸟，曾有人称我为一首精巧的诗。体长约60厘米，喙_____，颈纤细，脚_____，腿修长，羽毛像_____一样，全身呈_____结构。

作业内容5：结合课前搜集的有关白鹭的说明性资料，试着将《白鹭》第2～5自然段改写成一段说明文字。

白鹭姿态优美，动作潇洒，飘逸之神韵。伫立时，白鹭收敛羽翼，颈部或伸或缩，修长的腿轻松地支撑着雪白的身躯，俨然"雪衣公子立芳洲"。白鹭属鹤形目，大多数白鹭有白色的羽毛，到了繁殖季节，还会长出很长的漂亮羽毛。

白鹭体长约46～56厘米，体重320～650克，雌鸟略小。全身羽毛白色，生殖期间枕部垂有两条细长的长翎作为饰羽，背和上胸部分披蓬松蓑羽，生殖期结束后消失，细长黑喙、黑腿、黄脚掌，身体轻盈，有利飞翔。

结合材料完成下面白鹭外形的修改单。

外　形	特点（原文中的描写）	改写（用上适当的说明方法）
身　段	大小适宜、流线型结构	
蓑　毛	雪　白	全身的羽毛像雪一样一尘不染
喙	铁　色	
脚	青　色	
颜　色	白　色	
修改稿：		

作业内容6：这是北京大兴国际机场的图片，请你查阅相关资料，尝试运用多种说明方法，向游客介绍这里。

景点名称：_____
我想运用的说明方法：_____
我的介绍：大家好！现在我们看到的是_____
_____
_____
_____

活动2：锦囊妙计

打开锦囊（思维导图、搜集资料、列出提纲），围绕一种事物进行练笔，确定习作对象、理清习作思路，掌握说明性文章的写作方法。

作业内容7：选择自己感兴趣的事物，完成下面的思维导图。

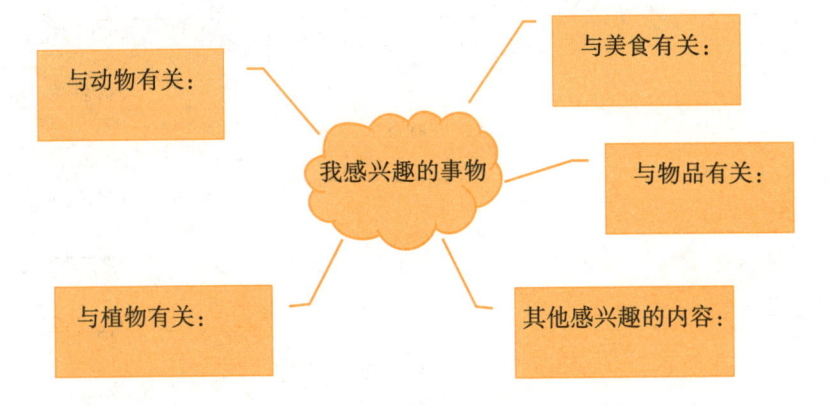

```
    与动物有关：                    与美食有关：

              我感兴趣的事物         与物品有关：

    与植物有关：                    其他感兴趣的内容：
```

作业内容8：围绕自己最感兴趣的事物的特点，去图书馆、书店、网上搜集资料，并将所有的材料标上序号，准备好所要描写的事物特点和相关说明材料，动笔试试吧！没有想好选材的同学也可以参看和使用下面的内容。

> 狗的嗅觉细胞数量巨大，所以在很远的地方，它也能"闻香而至"。哪怕气味很细微，它也可以辨析出来。狗的嗅觉记忆很长，它能凭借记忆找到失散多年的主人。

提示：在哪儿可以用上"列数字"？在哪儿可以加上"作比较"？在哪儿可以补上"举例子"？

小贴士1：人的嗅觉细胞只有500万个。

小贴士2：狗的嗅觉细胞大约为1.25～2亿个。

小贴士3：狗大约可以分辨2万种不同的气味。

小贴士4：福克斯新闻网曾报道，一只索步拉的牧羊犬，可以从装有320箱水果的仓库里嗅出仅有15克的毒品。

小贴士5：电影《回家路》讲了斗牛犬贝拉小时候被迫送往千里之外的新墨西哥州，因思念主人，独自踏上回家路，凭借嗅觉记忆，历经一年，终于与主人卢卡斯相遇。

作业内容9：选择一种感兴趣的事物介绍给别人，按要求完成写作提纲。

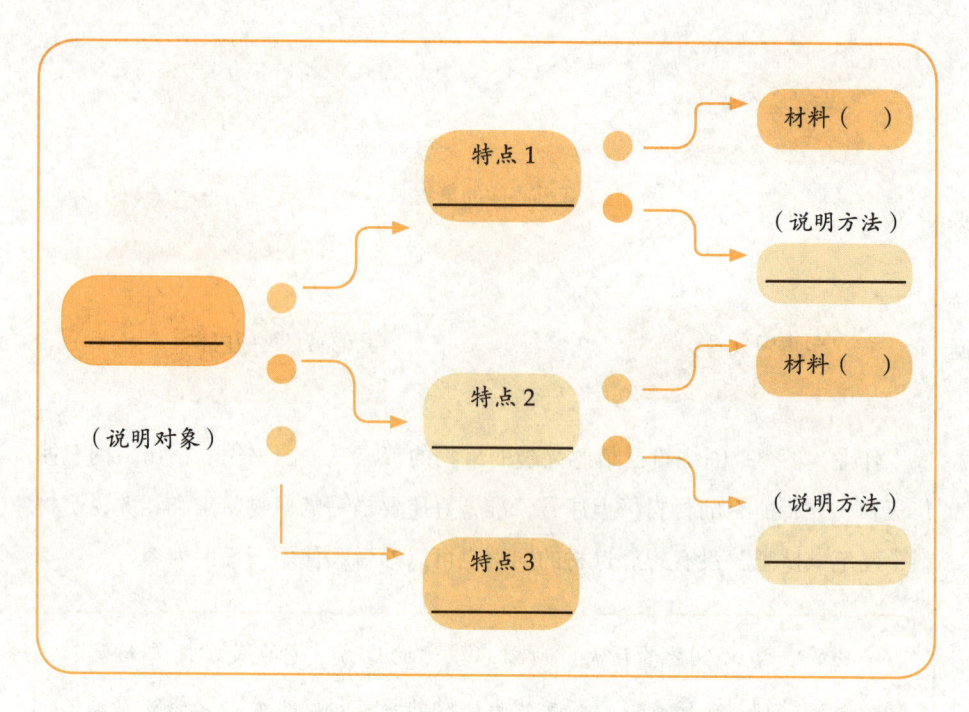

```
                    ┌─→  材料(    )
         特点1 ──┤
         ____       └─→  (说明方法)
                         _____

____      特点2        材料(    )
(说明对象)  ____       (说明方法)

         特点3
         ____
```

作业内容10：挑战锦囊，选择一种你了解并感兴趣的事物介绍给别人，按思维导图的形式完成写作提纲。

活动3：习作发布

统编教材倡导学生在习作后能积极交流、乐于分享，灵活使用多种评价方式。我们综合运用学生自评、小组评价、教师评价等，并举办习作发布会的活动，评选"写作达人"，促进学生互相学习，彼此成长。

作业任选其一完成：

作业内容11：为自己的习作配上相应的照片，以图文并茂的形式进行静态分享。

作业内容12：利用视频软件，结合习作，加入图片、视频等素材，配上自己的介绍，剪辑成视频进行作品分享，举办习作发布会，评选"习作达人"。

三、如何评价这个作业

被评价的对象是学生,评价不仅仅指向于结果,更应该注重过程。评价应始终和学习过程同步,并随着学习任务的变化而变化。评价在学生的学习过程中,随着学生学习的深入,或针对不同学力层次的学生,评价要呈现出层次性。在单元作业设计中,结合本单元学生的作业内容及习作作品要求,以星级、等级评价的方式,灵活使用多元、多形式评价,让评价看得见。

1. 作业评价单。

作业内容	要 求	评价标准	评价等级
白鹭名片	基 础	以图文并茂的方式,对白鹭进行简单直观的介绍。	☆☆☆☆☆
白鹭档案	发 展	根据查找的资料,抓住白鹭的样子进行详细介绍并加以对比体会。	☆☆☆☆☆
初试身手	创 造	结合资料,改写说明性文字。	☆☆☆☆☆

2. 习作评价单。

评价量规	评价要求	自我评价	小组评价	教师评价
习作内容	能写清楚事物的主要特点。	☆☆☆☆☆	☆☆☆☆☆	☆☆☆☆☆
	能用上恰当的说明方法。	☆☆☆☆☆	☆☆☆☆☆	☆☆☆☆☆
	能分段介绍事物的不同方面。	☆☆☆☆☆	☆☆☆☆☆	☆☆☆☆☆
修改建议	1. 2. 3.			

3. 习作达人评选。

题 目	一级水平	二级水平	三级水平
梳理信息	信息梳理非常全面，语言简洁，条理清楚，能全面展现事物特点，对搜集的素材能进行加工处理。	信息梳理比较全面，语言比较简洁，条理比较清楚，能展现事物特点，对搜集的素材能进行一定的处理。	信息梳理不够全面，语言啰唆，对材料照搬得比较多，没有进行自我加工和处理。
组织材料	准确确定习作对象、理清习作思路，恰切运用思维导图、习作提纲等支架，准确掌握说明方法并加以运用，事物特点鲜明突出。	能确定习作对象，选择其中一种写作支架，理清习作思路，比较准确地运用说明方法突出事物特点。	能确定习作对象，习作思路模糊，说明方法的运用比较不能突出事物特点。
展示自我	习作介绍绘声绘色，内容丰富，形式新颖（PPT、视频）。	习作介绍声音响亮、思路清晰，形式上略有不足，如画面不够精美、声音不够恰切等。	能完整介绍习作内容，主题符合要求，但形式单一。

北京大兴区教师进修学校　何艳萍

第三节

读古典名著，品百味人生

——五年级下册古典名著单元整体作业创意设计

第一部分 作业呈现

一、单元内容简介

统编教材五年级下册第二单元以"走进中国古典名著"为主题，所编排的四篇课文《草船借箭》《景阳冈》《猴王出世》《红楼春趣》均选自四大名著或根据相关情节改写。本单元选文最大的特点就是故事情节曲折生动，人物形象刻画栩栩如生。根据课文编排可以看出，《草船借箭》和《景阳冈》进行了改写，降低了难度；《猴王出世》和《红楼春趣》则基本保持了原文，这就指引我们在指导学生阅读的时候可以从简到难，并且鼓励学生尽量看原著，读原文。中国古典名著是中华灿烂文化的重要部分，阅读名著，有助于学生了解我国悠久的历史和不同时期的文化特点，对学生语文素养的提升有着举足轻重的作用。本组课文意在带领学生走进中国古典名著，初步学习阅读古典名著的方法，产生阅读古典名著的兴趣。因此，确定学习主题为"读名著，品经典"，引导学生结合古典名著的整本书阅读，从"读名著，学方法""品名著，善思考""析名著，重表达"三个方面进行学习与探究，让学生经历学习方法、运用方法、提取整合信息、问题思辨、创意表达的阅读过程，有利于激发学生阅读古典名著的兴趣，为进行更加丰富、深入的阅读打下基础。

二、单元整体作业设计

（一）作业目标

1. 阅读名著，初步学习阅读古典名著的方法，把握和理解内容，体会古典名著的魅力。
2. 从不同角度感受名著中的人物形象并尝试辩证地评价人物。
3. 通过思考探究，能够清楚、通顺、有条理地表达自己的看法。
4. 提取并整合信息，通过不同形式（绘图、创造性复述、读后感、短剧等）实现有效输出。

（二）作业内容

"四大名著"相信同学们早就耳熟能详了，四部中国古典章回小说，是汉语文学中不可多得的作品。这四部著作历久不衰，其中的故事、场景，已经深深地影响了中国人的思想观念、价值取向。四部著作都有很高的艺术水平，细致的刻画和所蕴含的思想都为历代读者所称道。这段时间我们将会走进这座语言文化的宝库，通过语言文字与文中的人物连接，感受他们的百味人生。

将会有三个学习任务等着大家："读名著，学方法""品名著，善思考""析名著，重表达"。

同学们，期待你们的精彩表现！

（三）作业标准

1. 学以致用，用阅读古典名著的方法品读古典名著，体会名著的魅力。
2. 通过多种语文实践活动形式逐步深入理解名著中的故事情节和人物形象。
3. 围绕人物和话题进行思考探究时，辩证地看待名著中的人物。

4. 遇到问题能独立思考和解决，不敷衍，不应付了事，做事情态度热情、积极主动，能够在老师的协助下，恰当地处理团队合作中遇到的冲突。

第二部分 作业说明

一、为什么设计这个作业

《课标2022》提出"创设丰富多样的学习情境，设计富有挑战性的学习任务……促进学生自主、合作、探究学习；关注个体差异和不同的学习需求，鼓励自主阅读、自由表达；倡导少做题、多读书、读好书、读整本书，注重阅读引导，培养读书兴趣，提高读书品位……"四大名著作为中华优秀文化传承最有代表性的内容，其文学价值及所包含的政治、文化、历史多方面的知识，具有很强的现实意义。

在本册教材中，"快乐读书吧"以"读古典名著，品百味人生"为主题作为单元的拓展与延伸。通过单元整体作业设计，能够使学生更全面地了解、感受古典名著。

"读古典名著，品百味人生"作业设计，以完成主题式学习任务群的方式，让学生回顾、习得并总结阅读古典名著的基本方法，在名著阅读中自觉运用这些方法。在此基础上，学生通过阅读、提问、讨论等方式，培养理性思维，有条理地表达自己的观点。进而通过复述、表演等方式表达自己对情境和形象的理解，在文学文化体验活动中涵养健康向上的审美情趣。

阅读整本古典名著对于五年级学生来说有一定难度。因此，在作业设计中，采用螺旋上升的学习方式更符合学生的认知发展规律。同时，为实现"从教走向学"的转变，在整体作业设计的各项任务中，为学生预留了充足的自主思考、合作、探究的空间。在这个过程中，教师适当地为学生提供表格、思维导图等工具，既是为学生搭建学习支架，也是学习成果的一种展示方式。

在阅读的过程中，注重学生阅读素养的提升，引导他们用复述等自己擅长的方式呈现对作品内容的理解；用文字、结构图等方式梳理作品的主要内容和文本脉络，总结行文思路。注重提升学生的思维品质，鼓励他们结合作品评价文本中的主要事件和人物，提出自己的观点或看法，引导学生形成批判性思维。结合戏剧元素，学生能够通过改写、表演等方式表达自己对感人情境和形象的理解与审美体验。整个过程中，侧重引导学生从阅读与鉴赏到梳理与探究，再到表达与交流，让学生在复杂情境中充分展示核心素养的发展水平。

二、怎样完成这个作业

任务一：读名著，学方法

通过"看图猜人物、情节、书名"的方式引入经典名著。师生交流自己对经典名著的认识，可以是印象深刻的人物或情节，或者是作品的主要内容……随后，观看一些影视片段，激发同学们的阅读期待，开启名著阅读活动。

活动1：学习并梳理阅读古典名著的方法

阅读《草船借箭》《景阳冈》《猴王出世》《红楼春趣》四篇文本，师生通过交流，学习并梳理阅读古典名著的方法。

阅读古典名著的方法
- 联系上下文猜测语句的意思
- 联系生活经验进行理解
- 遇到较难理解的语句，不用反复琢磨，明白大致所指即可
- 借助资料、影视剧等拓展资源，加深对内容的理解
- 借助标题，猜测故事的主要内容

活动 2：制订计划，并尝试运用总结的阅读古典名著的方法开启阅读之旅

1. 推荐阅读：《西游记》（必读）；《三国演义》《水浒传》《红楼梦》（选读）。
2. 在下面表格的基础上自主设计"阅读进度表"。

日期	阅读的章回	阅读的主要内容	运用的阅读方法	自我评价		
				我读得很认真	我基本理解故事内容	我使用了阅读方法
				☆☆☆	☆☆☆	☆☆☆
				☆☆☆	☆☆☆	☆☆☆

《　　　》阅读进度表

任务二：品名著，善思考

活动 1：尝试绘制取经路线图或梳理人物关系图

1. 《西游记》中唐僧自长安出发到达印度，全程一万多公里，并遭遇了九九八十一难，请尝试画出西天取经路线图，并在路线图上标记所遇的磨难。

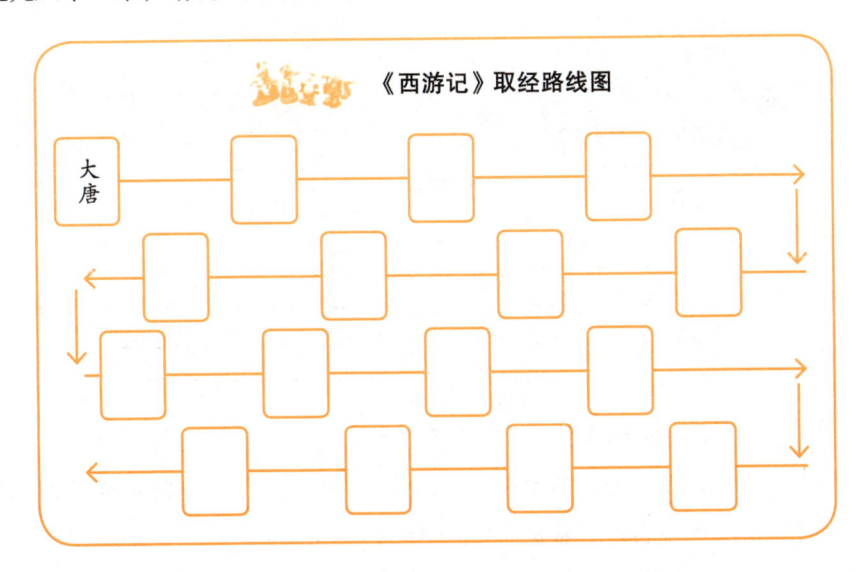

《西游记》取经路线图

（大唐 → …）

2. 《三国演义》《水浒传》《红楼梦》中人物众多且关系复杂，可以通过梳理人物关系图的方式，厘清人物关系。

《　　　　》主要人物关系图

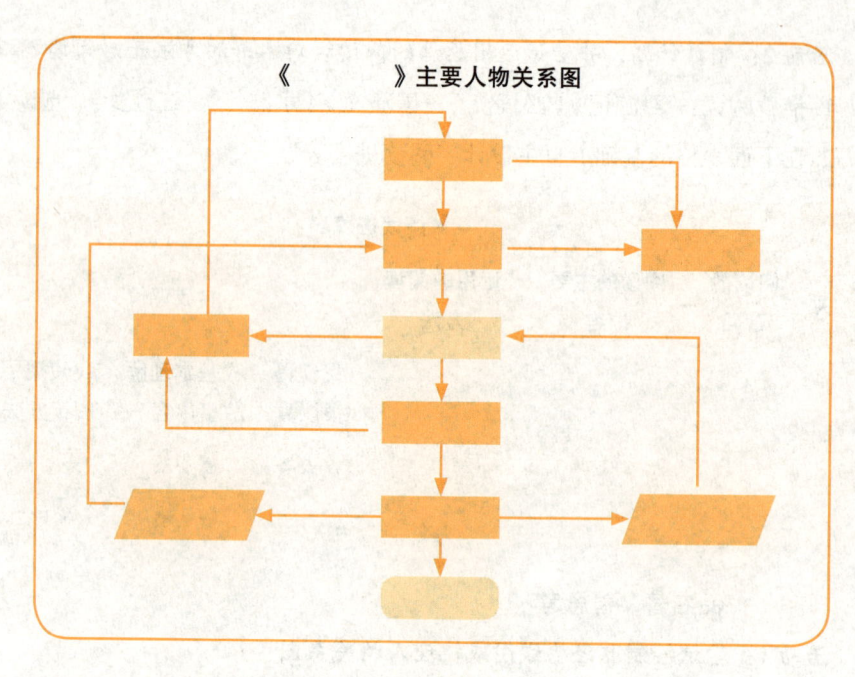

活动2：在阅读进程中制作并完善人物名片

人物简介：
_____
_____

人物外貌：
_____
_____

孙悟空

主要事件：
_____
_____
_____

性格特点：
_____
_____
_____

活动3：围绕人物或话题，进行思考探究

　　四本名著在人物塑造、情节设置中，都为我们留下了广阔的思考空间，请大家根据理解，阐述自己的看法。（参考样例）

1. 对于打虎的武松，人们有不同的评价。你有什么看法？说说你的理由。

武松很勇敢，"明知山有虎，偏向虎山行"。

武松很要面子，有些鲁莽，不听别人善意的劝告。

2. "紧箍咒"是孙悟空的成长利器还是惩罚利器？它有什么象征意义？这对你的学校生活有何启示？

3. 在班级生活中，同学们会更喜欢"孙悟空""猪八戒"还是"沙和尚"？请说明你的理由。

任务三： 析名著，重表达

活动1：梳理主要故事情节，创造性复述

五年级上学期，同学们已经学习了如何创造性复述故事。如代入角色，先讲故事结尾以设置悬念，加上恰当的语气、表情和动作等。

同学们可以选择自己最感兴趣的几个章回，梳理主要的故事情节，进行创造性地复述。

1. 梳理主要故事情节。

《　　　　》第＿＿回至第＿＿回主要故事情节

2. 班级内开展复述活动，并作出评价。

评价标准	评价主体		
	自 评	组内互评	师 评
通顺连贯，情节完整	☆☆☆	☆☆☆	☆☆☆
表情丰富，讲述生动	☆☆☆	☆☆☆	☆☆☆
增补细节，详略得当	☆☆☆	☆☆☆	☆☆☆

活动 2：联系阅读内容和生活经验，撰写读后感

我们读一个章回或一本书，往往会有自己的感想。有时一些人物会给我们留下深刻的印象，如嫉恶如仇的孙悟空、勇猛善战的关羽；有时一些情节会让我们深受触动，如宝黛初见、诸葛亮挥泪斩马谡；有时文字中蕴含的道理会让我们深受启发，如《西游记》揭示的做事要有恒心的道理。

读完一个章回或一本名著，写一篇读后感。先简单介绍一下章回或名著的内容，可以重点介绍你印象最深的部分。再选择一两处你感触最深的内容写出自己的感想，要求写得真实、具体。

写完后读一读，看看有没有把自己的感想表达清楚，再和同学交流。并按照习作评价单的要求评价一下自己的习作，之后按照评价单的提示和同学们的反馈进行修改。

评价标准	非常符合	一般符合	略有体现
我简单介绍了文本的主要内容。	☆☆☆	☆☆	☆
习作中我的感想真实、具体。	☆☆☆	☆☆	☆
习作中有和我生活经验相结合的内容。	☆☆☆	☆☆	☆

活动 3：立足名著创作剧本，进行戏剧表演

经典名著中，大千世界的风景、性格迥异的人物、各具特色的故事，都可以浓缩在戏剧表演中。同学们，尽情展示自己，重现名著中精彩的故事情节，感受不同人物的百态人生吧。

1. 分小组讨论怎么表演戏剧。

选篇目	◆读过的名著中，哪些篇目适合戏剧表演。
↓	
写剧本	◆原著内容中，哪些内容可以改写，创作剧本。
↓	
分角色	◆不同身份、性格的角色，适合分配给谁。
↓	
怎么演	◆怎么演好故事中的每个角色。可以从角色的台词、表情等方面进行讨论。如怎么把文中的叙述语言改为人物对话，表演时可加上哪些表情和动作。此外，还可以想想需要准备哪些服装和道具。

2. 班级内进行展演，还可以制作邀请函，邀请更多的同学观看表演。表演前可以不报故事题目，演完后让同学们猜一猜是哪个情节。然后再评一评哪位同学演得更生动。利用评价表，对自己的戏剧展演活动进行评价和反思，总结经验教训。

评价标准	非常符合	一般符合	略有体现
我们小组内协作分工明确，角色分配合理。	☆☆☆	☆☆	☆
我反复阅读剧本，确保在理解的基础上努力扮演好角色，力求更加生动。	☆☆☆	☆☆	☆
我乐于听取别人的意见。	☆☆☆	☆☆	☆
遇到问题我们会协商解决。	☆☆☆	☆☆	☆

三、如何评价这个作业

为了更好地促进学生学习，改进教师的教学方式，此次作业评价充分利用多媒体设备，利用投票软件等便捷的途径，对学生进行评价。利用多媒体设备进行评价相比纸质和口头评价有几个优势：一是可以快速收集评价信息，并且能够便捷地进行分析且有利于保存。二是让学生之间的评价更加广泛、多元、全面且互动性更强。学生可以浏览任意一个同学的作品，并给予评价，激发了他们完成任务的积极性，提高了任务完成的质量。

评价不仅重视最终的作业结果，更重视评价过程，注重考查学生的语言文字运用能力、思维过程，关注学生的学习过程和学习进步，以提升学生的核心素养。

评价标准	非常符合	一般符合	略有体现	没有体现
能够对自己正在做的事情有清晰的认识，并能热情主动地参与到本次学习任务中。	☆☆☆☆	☆☆☆	☆☆	☆
乐于反思和开展自我批评，对别人的建议能理性接纳。	☆☆☆☆	☆☆☆	☆☆	☆
遇到问题能独立思考和解决，不敷衍，不应付了事，做事情态度热情、积极主动。	☆☆☆☆	☆☆☆	☆☆	☆
能够知道团队共同的目标和方向，参与制定并遵守小组公约。	☆☆☆☆	☆☆☆	☆☆	☆
能够在老师的协助下，恰当地处理团队合作中遇到的冲突。	☆☆☆☆	☆☆☆	☆☆	☆
与团队成员共同开展反思复盘活动，并形成改进措施。	☆☆☆☆	☆☆☆	☆☆	☆

北京亦庄实验小学　齐丽萍

第四节

我心中的最美汉字
—— 五年级下册"遨游汉字王国"单元整体作业创意设计

第一部分 作业呈现

一、单元内容简介

本单元综合性学习围绕"遨游汉字王国"这个主题，安排了"前言"和"汉字真有趣""我爱你，汉字"几个板块的内容。学生在以往年级的学习中，已经初步感受了汉字的趣味，也对汉字文化有了一些了解。此次单元整体作业设计，学生将从课内阅读教材中的文本材料，再到课外搜集相关信息，不断延伸自己的认知，丰富情感体验，逐步加深对汉字文化的认同，从最初的感兴趣走向真正的热爱。学生推荐"我心中的最美汉字"的过程，既是对汉字音、形、义的理解，更是浓厚情感的抒发，将祖国优秀文化根植心中。

本单元的作业设计不仅使学生对汉字的特点、历史、文化有更丰富、更全面的认识，产生热爱之情，同时，学生在中年级学会"收集资料"的基础上，将进一步学习、积累有目的地"搜集资料"的基本方法，形成语文学习能力。

二、单元整体作业设计

（一）作业目标

1. 能通过学习、调查、实践的方式，了解汉字的起源、演变；通过推荐"我心中的最美汉字"与他人分享自己对汉字音、形、义的初步理解与感悟，感受汉字音、形、义的美，增强对汉字的热爱之情。

2. 能有意识地运用方法搜集信息、处理信息，了解和把握更多关于汉字的知识，感受汉字的魅力。

（二）作业内容

同学们，班级要召开"我心中的最美汉字"推荐大会，你打算推荐哪些汉字？你觉得哪个字会当选呢？在本单元综合性学习的过程中，我们会亲近汉字，初步了解汉字文化，感受汉字音、形、义结合的美。相信你们一定会更加热爱汉字！请你积极参与到"我心中的最美汉字"的推荐活动中来吧，把你心中的"最美汉字"推荐给身边的人。

（三）作业标准

1. 积极主动参与任务群中的综合性语文实践活动，逐步完成作业。
2. 运用恰当的方法搜集资料，适当整理信息。
3. 围绕"美"的内涵推荐"我心中的最美汉字"，推荐理由中需体现汉字音、形、义之间的联系，表达出自己的真情实感，语句通顺连贯。

第二部分 作业说明

一、为什么设计这个作业

《课标 2002》总目标中明确指出"热爱国家通用语言文字，感受语言文字及作品的独特价值，认识中华文化的丰厚博大，汲取智慧，弘扬社会主义先进文化、革命文化、中华优秀传统文化，建立文化自信"。其中，"文化自信是指学生认同中华文化，对中华文化的生命力有坚定信心。通过语文学习，热爱国家通用语言文字，热爱中华文化，继承和弘扬中华优秀传统文化、革命文化、社会主义先进文化，关注和参与当代文化生活，初步了解和借鉴人类文明优秀成果，具有开阔的文化视野和一定的文化底蕴"。

中华优秀传统文化是历史积淀下来的精华，是中华民族伟大复兴的重要表征。将优秀的传统文化融入学生的精神世界，不仅会增强学生对祖国优秀文化的认同感和自豪感，提升文化自信，同时会不断完善学生的思维方式，使其形成积极的人生态度和价值观。

本单元是综合性学习单元，主题为"遨游汉字王国"。汉字是中华文化的瑰宝，书写了中华民族的历史。五年级的学生已经认识了近 3000 个汉字，对汉字有较丰富的感性认识。在综合性学习的基础上进行作业实践，开阔视野、丰富认识，有助于增进学生对汉字的了解，进一步培养学生学习汉字的兴趣，增强学生对汉字的情感，树立文化自信，弘扬中华优秀传统文化。

如何让学生将自己对"汉字之美"的认识表达出来？如何内化对阅读材料、搜集信息的理解？如何让汉字文化真正留在学生的心灵深处？在作业中创设情境，让学生推荐自己心中的"最美汉字"，并写出推荐理由。这样的设计，尊重了学生的个人感受，具有开放性，为学生的个性表达打开了一扇窗。同时，这一作业是学生在综合性学习的基础上对形声字音、形、义之美的再度深入理解并形成自己认识的过程，对本单元的学习进行了拓展、延伸。

二、怎样完成这个作业

任务一：重温阅读材料，感受汉字文化

活动1：分享形声字的特点

1. 说一说。

汉字有着悠久的历史，蕴含着丰富的文化。同学们每天都在学习和使用汉字，逐渐增进对汉字的了解。请你认真阅读教材中的《字谜七则》《门内添"活"字》《有意思的谐音》《"枇杷"和"琵琶"》，说一说你对哪个内容最感兴趣？为什么？

你可能发现了，《字谜七则》《门内添"活"字》主要体现汉字字形和字义的特点，在猜谜的过程中，可以了解到字谜有文字迷、画谜、故事谜等类别，感受字谜历史的悠久及流传的广泛；《有意思的谐音》《"枇杷"和"琵琶"》主要体现汉字字音的特点，歇后语、故事中出现的同音字很风趣，也展现了创作者的智慧。

2. 写一写。

除了教材中的阅读材料，你还搜集了哪些与汉字有关的信息？请你与大家分享吧！你可以搜集一个内容，也可以搜集几个内容，请依据自己的情况填写表格。

提示：搜集内容——字谜、歇后语、对联、故事成等。

搜集途径——图书、网络、询问他人等。

搜集内容	搜集途径	成果分享

续表

搜集内容	搜集途径	成果分享
小结形声字字音、字形、字义等方面的特点		
我的感受		

3. 评一评。

在活动1的说一说、写一写中，相信你已经进一步感受到了形声字音、形、义之间的关系，对汉字的演变更感兴趣了，体会到了中华文化的源远流长。请你回忆一下自己是怎样"搜集"信息的，它与以往的"收集"信息有哪些区别，填写表格，并对自己"搜集信息"的情况作出评价。

	区　别
搜集信息	
收集信息	

我对自己的评价是：☆☆☆（请在相应的星星中涂上颜色。）
我可以做得更好的地方是：

活动2：分享形声字的演变

阅读材料《有趣的形声字》，说一说形声字的两种来源。你可以从材料中的"星""凤""蜀""祭"几个例字中进行选择，举例说明形声字的演变。学有余力的同学还可以列举课外搜集的形声字。相信你能在形声字的演变过程中感受到乐趣。

形声字的来源	举　例
象形字向形声字演变	
在象形字的基础上增加形符	

任务二：调查人们心中喜爱的形声字

活动1：我积累的形声字

在学习生活中，你积累过哪些形声字？请你选择其中的2～4个，分享一下汉字音形与义的联系吧！

我积累的形声字：

序　号	例　字	字音、字形与字义的联系
1		
2		
3		
4		

活动2：人们心中喜爱的形声字

请你选择1～3人做小采访，了解一下身边的人喜欢哪些形声字，并把它们记录下来。

采访提纲举例：

你知道什么是形声字吗？

你喜欢哪个形声字？说说理由。
……

采访时间	采访对象	采访记录（汉字及理由）

任务三：推荐"我心中的最美汉字"

活动1：交流自己心中最美的汉字

我们每一个人，从牙牙学语开始，就浸润在汉语的环境中，对汉字别有一番情感。比如，我们中国人都特别钟爱一个汉字，每逢春节，家家户户的门上都会贴上这个字——"福"。传说在康熙朝，孝庄皇太后得了重病，康熙为表孝心，创作了"福寿"联体字，被后人称为"康熙御笔天下第一福"。

多才　多子　　　多寿　多田

这个"福"字在写法上暗含"子、田、才、寿、福"等字形，寓意多子、多才、多寿、多田、多福……一个"福"字，蕴含着这么多美好的意思，真是充满了智慧与魅力。

我们每个人的心中,也有自己认为很美的汉字。如果班级召开"我心中的最美汉字"推荐大会,你会推荐哪几个汉字呢?

活动流程:

首先,了解汉字"美"的内涵,比如有趣、寓意美好、字形美观、字音动听、音形义之间的联系巧妙。

其次,整理任务一、任务二阅读学习、自主积累、调查访问中印象深刻的形声字,回忆字音、字形与字义之间的联系,从中选择你要推荐的几个汉字。

最后,围绕汉字"美"的某一方面或某几方面的内涵,分别写出这几个汉字的推荐理由(至少选择一个汉字写)。

序　号	最美汉字	推荐理由
1		
2		
3		

请你对自己的推荐理由进行评价。

星　级	评价指标	在相应星级一栏画钩
☆☆☆	围绕"美"的内涵进行推荐,推荐理由体现汉字音、形、义之间的联系或丰富的文化意蕴,表达出自己的真情实感,语句通顺连贯。	
☆☆	围绕"美"的内涵进行推荐,推荐理由基本体现汉字音、形、义之间的联系或汉字内涵,语句通顺连贯。	

续表

星 级	评价指标	在相应星级一栏画钩
☆	基本围绕"美"的内涵进行推荐，语句通顺连贯。	

活动2：推荐"我心中的最美汉字"

　　它，见证了我们民族悠久的历史和灿烂的文化；它，是人类智慧的起源；它，在一代又一代人的手中绽放出美丽的光辉。它就是中国汉字。在"我心中的最美汉字"作业中，你已经完成了推荐理由的撰写，下面就请你选择运用文字展示、语音讲解或 PPT 展示等其中一种方式，向班里的同学、老师推荐"我心中的最美汉字"吧！

你选择的推荐方式是：

你推荐的效果：

你认为自己推荐的哪一个字会当选最美汉字呢？为什么？

当选"最美汉字"的形声字是：☐

我认为这个字当选的理由是：＿＿＿＿＿＿＿＿＿＿＿＿＿＿

＿＿＿＿＿＿＿＿＿＿＿＿＿＿＿＿＿＿＿＿＿＿＿＿＿＿

请你和同学分享一下这次作业的心得。

我的作业心得：＿＿＿＿＿＿＿＿＿＿＿＿＿＿＿＿＿＿＿

三、如何评价这个作业

同学们，我们的祖先创造了许多形声字，它们在数千年的汉字发展中不断变化，才成为我们现在看到的样子。在了解形声字的演变，推荐最美汉字的过程中，你一定感受到了中国汉字的神奇与伟大。下面请你对自己的作业进行整体评价，认为自己每项能得几颗星，就在相应的自评栏中给星星涂上颜色。

评价内容	评价标准	自 评
自主参与	积极主动参与任务群中的学习实践活动，自主完成作业。	☆☆☆
思维能力	运用恰当的方法筛选、整理资料，提取相关信息，丰富认知。	☆☆☆
语言构建	"推荐理由"围绕主题，理由恰当有感染力，表达真情实感。	☆☆☆
文化认同	感受到汉字文化的魅力，热爱汉字。	☆☆☆
审美水平	能从音、形、义的角度感知和欣赏汉字的"美"。	☆☆☆

看一看小伙伴和老师对你完成作业的肯定或建议吧！

小伙伴的话：

教师寄语：

北京小学天宁寺分校　董葳

第六章

六年级单元整体作业创意设计

第一节

有目的地阅读

——六年级上册阅读策略单元整体作业创意设计

第一部分 作业呈现

一、单元内容简介

为了促进学生的阅读理解，提高阅读教学的有效性，统编版小学语文教材在三至六年级上册中分别安排了四个"阅读策略"单元，目的是教会学生阅读策略并运用策略阅读，终极目标指向学生由学习阅读转向通过阅读学习。其中，六年级上册第三单元"有目的地阅读"是最后一个阅读策略单元，它是对以往阅读策略单元的总结、回顾与提升，帮助学生从他人引领阅读转变为自主有目的地阅读。

本单元主要是学习阅读策略，因此，更注重策略、方法、技能的学习和运用，人文主题要与语文要素自然结合，不可分割进行。

"有目的地阅读"作为学习主线，贯穿整个单元教学。课文以不同文体编排，指向不同的阅读目的，相互关联，形成螺旋递进的态势。整个学习过程，需要以学生之前学习的阅读方法作为支持，如提问、预测、速读（包括浏览、跳读、抓关键词句、联系上下文）等，共同达成"有目的地阅读"这一策略的学习。

本单元的语文要素是"根据阅读目的，选用恰当的阅读方法"。三篇课文分别为叙事性文本、说明性文本及非连续性文本，体现不同类型文本的阅读。前两篇精读课文《竹节人》《宇宙生命之谜》体现学习策略，后一篇略读课文《故宫博物院》体现运用策略，构建从学习认识、初步尝试到独立运用、逐步习得的学习过程。

本单元以课文内容为载体，以助学系统为辅助，遵循"学策略—用策略—学语言"的编排思路，体现训练的针对性与层递性，帮助学生习得有目的地阅读策略。

二、单元整体作业设计

（一）作业目标

1. 能根据不同的阅读目的，选择合适的阅读材料。
2. 能运用适当的阅读方法，完成阅读任务，达成阅读目的。
3. 能初步建立"有目的地阅读"的意识。

（二）作业内容

综合运用阅读策略。

为家人计划故宫一日游，画一张故宫参观路线图；选择一两个景点，游故宫的时候为家人讲解。

根据不同目的，选用恰当的方法，阅读具体内容，完成任务。基本的阅读程序为：确定目的（需求）—快速阅读（浏览，选择内容）—细致阅读（梳理信息）—比对调整（完善设计）—多方评估。

（三）作业标准

内　容	评价			建　议
	自评	互评	师评	
阅读目的达成度	☆☆☆	☆☆☆	☆☆☆	
阅读方法使用度	☆☆☆	☆☆☆	☆☆☆	
材料使用准确度	☆☆☆	☆☆☆	☆☆☆	

"有目的地阅读"学习反思评价表

第二部分 作业说明

一、为什么设计这个作业

阅读目的不同代表着阅读者需求不同，人的阅读所得也就不同。根据自己的阅读目的，选择材料，运用合适的方法进行阅读可以帮助读者提升阅读效率，解决问题，有所获得。

六年级学生在前几年的学习过程中，已经基本掌握了自主阅读的方法，如默读、跳读、提问、预测、浏览、寻找关键词句、把握主要内容等，基于具体问题和目的，选择合适的方法、解决问题、达成目的则是学生阅读策略的具体落实，其本质是学生思维发展水平的呈现。

上述作业设计努力呈现学生的阅读轨迹、方法选择、目的达成度，以评价学生是否初步掌握了"有目的地阅读"这一策略。

二、怎样完成这个作业

本单元的阅读导语、课后思考题、"交流平台"说明了"有目的地阅读"这一策略的价值取向，主要有两种——目的不同和问题解决。基于两种价值取向，必然出现"阅读选择"，具体体现在《竹节人》《宇宙生命之谜》《故宫博物院》三篇阅读材料中。由此，本单元的作业设计可以以板块的方式组合，达成语文要素的学习。如图所示：

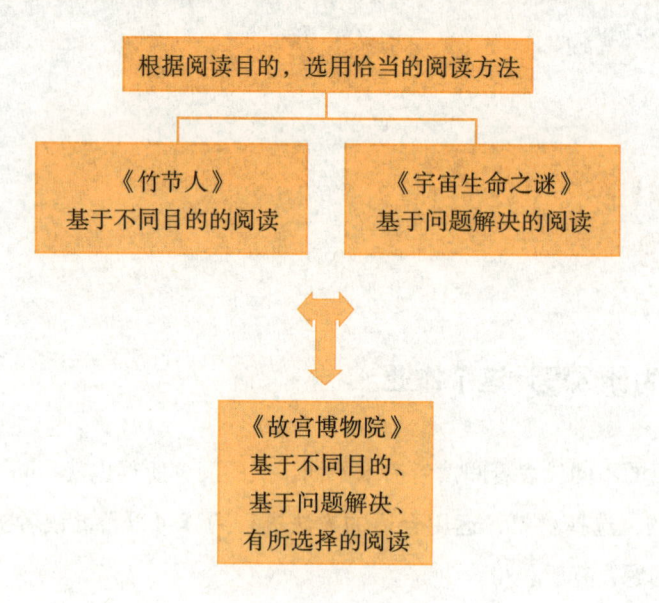

```
           根据阅读目的，选用恰当的阅读方法
              ┌──────────┴──────────┐
         《竹节人》              《宇宙生命之谜》
       基于不同目的的阅读         基于问题解决的阅读
              └──────────┬──────────┘
                    ↕
                《故宫博物院》
               基于不同目的、
               基于问题解决、
               有所选择的阅读
```

任务一： 制作说明书

"有目的地阅读"需要方法，方法需要阅读者根据目的加以选择。如制作说明书，尽管学生能够找到很多信息，但准确、全面地搜集与"制作指南"相关的内容，同时加工整理语言，让他人能够看明白说明书才是根本。这需要教师引导学生建立阅读路径。

例如请学生围绕"如何制作说明书"这一问题，给出语言（思维）支架，即：

1. 制作游戏说明书，需要找到哪两部分内容？可以使用怎样的阅读方法？
2. 在整理相关信息的过程中，怎样保证信息的完整准确？请用"先……再……接着……最后……"的句式表达，这个过程又需要怎样的阅读方法？

3. 要保证说明书的准确与清楚，又会用到什么阅读方法？

在"自主思考—小组讨论"后，学生形成如下表达：

制作游戏说明书，需要找到制作步骤和游戏方法两部分内容，可以通过快速阅读（浏览、跳读等）确定。在整理相关信息的过程中，先画出相关语句，再标出步骤，接着分解或合并，最后抄写在任务单上，这个过程需要抓住关键词句。此外，要保证说明书的准确与清楚，还需要在完成后和原文比对，调整语言。此过程中需要用到对比阅读。

任务二：寻找真正的乐趣

任务二要求学生"体会传统玩具给人们带来的乐趣"。

教师引导学生思考"要体会'乐趣'，我们可以用到哪些阅读方法"，帮助学生回忆，呈现可用的阅读方法清单，如抓关键语句、品读重点词句、想象画面、揣摩人物心理等，在学生充分回顾后，再请他们运用方法，完成任务。学生运用策略，可以帮助他们发现真正的乐趣来源于有趣的想象和设计。

任务三：调查家人的参观需求

这个任务为课前任务，选取家人想要参观的景点，满足不同需求是此次阅读任务的条件之一，也是绘制参观路线图的重要依据。比如，学生会提到出行人员中会有老人或小孩。如果有老人或小孩，步行时间就不宜过长，因此，选择的景点要具有代表性，其余的根据实际情况再作调整。又比如，有的学生会提到出行的时间。因为在故宫里，不同的季节会欣赏不同的风景，同时，参观人数的多少往往影响参观质量，也是需要考虑的。再如，故宫"前进后出"的格局以及"不走回头路"的参观规则也需要同时考虑。尽管这些给设计增加了难度，但是阅读的目的性也愈发凸显，学生需要考量多方面原因，为设计路线选择更有针对性的材料，真正体现阅读为生活服务。

任务四：参观路线设计

经过之前的调研，学生在课堂上就选择材料进行交流，一方面要选择书上的材料，另一方面还可以补充自己查找到的资料，进行更为真实地、有目的地阅读。

三、如何评价这个作业

《故宫博物院》一课中的任务三"参观路线设计评价",既是对学生设计的评价,也是对学生掌握策略程度的评价。

<table>
<tr><td colspan="5" align="center">参观路线设计评价</td></tr>
<tr><td>维　度</td><td>内　容</td><td>评　价</td><td>家长评价</td><td>教师建议</td></tr>
<tr><td rowspan="3">路线</td><td>1. 方位准</td><td>☆☆☆</td><td></td><td></td></tr>
<tr><td>2. 路线清</td><td>☆☆☆</td><td></td><td></td></tr>
<tr><td>3. 路程短</td><td>☆☆☆</td><td></td><td></td></tr>
<tr><td rowspan="3">景点</td><td>1. 满足需求</td><td>☆☆☆</td><td></td><td></td></tr>
<tr><td>2. 讲解清楚</td><td>☆☆☆</td><td></td><td></td></tr>
<tr><td>3. 考虑全面</td><td>☆☆☆</td><td></td><td></td></tr>
<tr><td>说明</td><td colspan="4">1. 能根据合理建议修改设计。2. 获得15星及以上为金牌设计;获得12～14星为银牌设计;获得8～11星为铜牌设计。</td></tr>
</table>

其中,速读、选读、细读、对比阅读等阅读方法的组合使用及使用时机的把控,正是学生对"有目的地阅读"这一阅读策略的掌握呈现。上表中的各项内容,也是阅读成果的体现,可以较好地呈现出学生的学习所得。

北京市海淀区实验小学　程润

第二节

晒晒我的多彩生活
——六年级上册习作单元整体作业创意设计

第一部分 作业呈现

一、单元内容简介

统编版语文教材六年级上册第五单元是习作单元，编排了两篇精读课文《夏天里的成长》和《盼》作为学习资源进行集中学习，在阅读中掌握围绕中心意思从不同方面或者选取不同的事例把内容写清楚的写作方法。在"交流平台"中梳理总结围绕中心意思写清楚的方法后，通过"初试身手"这个学习支架引导学生初步尝试围绕中心选择合适的材料。习作例文《爸爸的计划》和《小站》是将文章中心意思写具体、写生动的拓展补充，学生通过多种方式的阅读，巩固写作方法，习得具体描写方法，把重点内容写具体，使文章中心更突出。

四、五年级的习作单元分别强化了写人、记事、状物、写景、说明等习作方法的学习，达到把作文写清楚、写具体的目标。六年级学生进入第三学段，感知事物的精准性有了提高，抽象思维能力更强。除了注意事物外表形式之外，更注意对事物的分析和主观体会，对很多问题都有自己的观点和整体思考。本单元作业设计，旨在引导学生关注文章的中心意思以及中心和材料之间的关系，强调培养学生起草之前选材构思的能力，要求学生试着运用小学阶段掌握的写人、记事的方法，写出中心明确、材料具体而恰当的习作。

本单元作业以学校公众号及广播站征稿活动为真实情境，以"晒晒我的多彩生活"为单元整体任务。在单元任务的驱动下，分设了"走进生活、品味生活、装点生活、分享生活"四个子任务，分步有序推进学习活动，教会学生写作方法，从而让他们会写、能写和乐写，在与同伴交流、欣赏的过程中学会评价，实现教、学、评一致。同时，在体味生活与练笔的过程中，激发学生习作的兴趣，树立习作的自信心，从而更加热爱多彩生活。

二、单元整体作业设计

（一）作业目标

1. 能根据中心意思，结合生活体验，围绕中心意思从不同方面或者选取不同的事例把重点内容写清楚、写具体，并表达出自己的真实情感。
2. 在学习过程中，能根据评价标准互评互改，完善习作，把稿件写得生动具体、真实感人。
3. 养成乐于观察和表达的学习习惯，主动记录生活，表达情感。

（二）作业内容

选一个感受最深的汉字作为中心意思，从不同方面或选择不同事例"晒晒我的多彩生活"，为学校公众号及广播站《精彩生活》栏目投稿。

（三）作业标准

依据征稿活动的真实情境，明确习作目的，确定单元习作的整体任务——"晒晒我的多彩生活"，细化四个子任务——"走进生活""品味生活""装点生活"和"分享生活"。

"走进生活"重在搜集资料，明确习作任务，激发学生表达的欲望，作好征稿的习作准备。

"品味生活"重在筛选资料，确定习作的中心意思，紧紧围绕中心意思组织材料，运用习得的写作方法开启习作。

"装点生活"意在丰富资料，积累习作方法，完成习作，互评互改，努力把重点内容写具体、写生动。

"分享生活"意在表达情感，通过学校公众号或广播分享优秀的习作作品，展示学生丰富多彩的生活，传递美好情感，享受习作的快乐。

第二部分 作业说明

一、为什么设计这个作业

六上第五单元是习作单元，是以培养学生习作能力为核心编排的单元。这个单元以"围绕中心意思写"为主线，通过一系列阅读和习作活动，教会学生学习在确定中心意思之后，如何围绕中心意思选取不同方面或不同事例，把重点部分写具体。本次习作是检验学生本单元学习成果的一块试金石。写作是有功能性的，写作的功能就是表达与交流。在真实的生活世界里，写作是为了特定的读者、特定的目的而进行的交际活动。因此，要在真实或拟真的情境中，运用习得的写作知识和技能，为完成特定的情境任务而写作；还要引导学生在写作中与潜在的读者交流，与师生交流。任务情境引领并贯穿整个写作学习过程：习作前创设任务情境，激发写作需要；习作中围绕情境和中心意思，运用写作方法达成写作目标；习作后完成征稿，优秀作品成功刊出或广播，实现任务情境。

作为六年级的学生已经在三年级下册第三单元的学习中，学习过"了解课文是怎么围绕一个意思把一段话写清楚的"这样的写作手法，并在后续的学习中进行了大量的实践运用。本单元习作是对以往学习经验的一种勾连，旨在引导学生通过把各个段落或方面的意思写清楚，从而更完整、准确地表达整篇文章的中心意思。

二、怎样完成这个作业

任务一：走进生活

明确作业任务，激发写作兴趣（1课时）。

活动1

认真阅读下面的征稿要求，完成练习。

> 亲爱的同学们，童年生活多姿多彩，一篇篇感人的故事，一个个知心的朋友，一幅幅嬉戏的画面……如一颗颗璀璨的珍珠耀眼夺目，学校公众号及校广播站将通过《精彩生活》栏目记录下美好的回忆，请你们选取一个感受最深的汉字作为中心意思，从不同方面或选择不同事例来晒一晒自己的生活吧！欢迎同学们积极投稿哦！
> 1. "我"想表达的中心意思是……
> 2. 围绕中心意思，"我"从……写清楚。
> 3. "我"描写的重点内容是……
> 4. "我"想表达的情感是……

活动2

认真阅读下面的文段，画出文中的中心句。

> 生物从小到大，本来是天天长的，不过夏天的长是飞快的长，跳跃的长，活生生的看得见的长。你在棚架上看瓜藤，一天可以长出几寸；你到竹林、高粱地里听声音，在叭叭的声响里，一夜可以多出半节。昨天是苞蕾，今天是鲜花，明天就变成了小果实。一块白石头，几天不见，就长满了苔藓；一片黄泥土，几天不见，就变成了草坪菜畦。邻家的小猫小狗小鸡小鸭，个把月不过来，再见面，它已经有了妈妈的一半大。

> 草长，树木长，山是一天一天地变丰满。稻秧长，甘蔗长，地是一天一天地高起来。水长，瀑布长，河也是一天一天地变宽变深。俗话说："不热不长，不热不大。"随着太阳威力的增加，温度的增加，什么都在长。最热的时候，连铁路的铁轨也长，把连接处的缝隙几乎填满。柏油路也软绵绵的，像是高起来。
>
> 一过夏天，小学生有的成了中学生，中学生有的成了大学生。升级、跳班，快点儿，慢点儿，总是要长。北方农家的谚语说："六月六，看谷秀。"又说："处暑不出头，割谷喂老牛。"农作物到了该长的时候不长，或是长得太慢，就没有收成的希望。人也是一样，要赶时候、赶热天，尽量地用力地长。

仔细观察文段中几个中心句的位置，"我"发现了＿＿＿＿＿＿＿＿＿＿。

活动3

同学们掌握了中心句的使用方法，赶快在自己的稿件中尝试一下吧！请大家选取一个中心意思，仿照上面其中一个文段的写法，练写一段话。

任务二：品味生活

学习写法，预写习作（4～5课时）。

活动1

回顾《夏天里的成长》课文内容，梳理文章结构图，进一步巩固围绕中心意思从不同方面写清楚，同时学会从不同方面把重点内容写具体的方法。

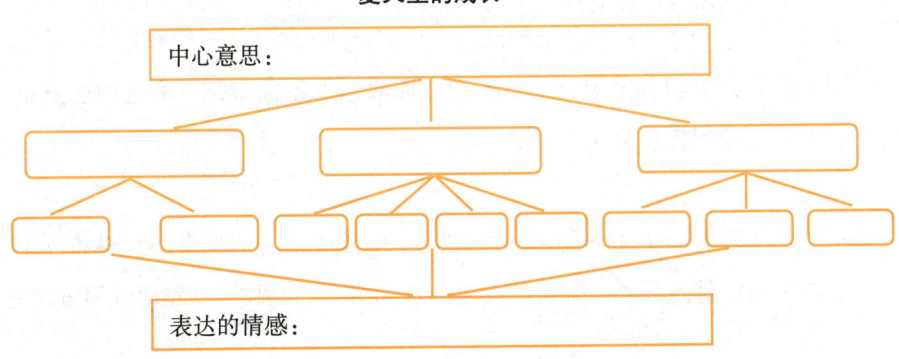

夏天里的成长

中心意思：

表达的情感：

同学，你对课文内容掌握得很不错！不要骄傲，继续努力哦！

活动 2

迁移运用在《夏天里的成长》中习得的习作方法，试着将自己搜集的稿件材料利用思维导图表达出来，围绕中心意思，形成本次征稿习作的提纲。（也可以采用自己喜欢的方式，如括号图、流程图、气泡图等。）

活动 3

迁移运用在《夏天里的成长》中习得的写作方法，结合稿件表达的中心意思和情感，认真思考后确定重点段落及这一段落的中心意思，围绕这一中心意思从不同方面写一段话。

把自己写的段落读给好朋友听，他喜欢吗？

他对你说：_____。

活动 4

回顾《盼》课文内容，梳理出文章选取的事例，巩固围绕中心意思选取不同事例写清楚的方法，同时学会运用恰当的描写方法把中心意思写具体、生动。

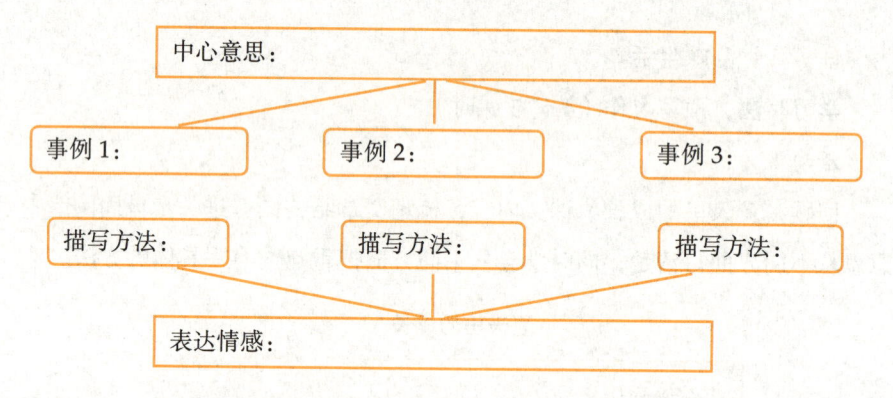

```
                    中心意思：
         ┌─────────────┼─────────────┐
      事例1：        事例2：         事例3：
      描写方法：     描写方法：      描写方法：
         └─────────────┼─────────────┘
                    表达情感：
```

同学们，你的稿件是怎样"从不同方面或选取不同事例，表达中心意思"的？快用思维导图梳理出来吧。

活动 5

迁移运用在《盼》中习得的习作方法，结合稿件表达的中心意思和情感，认真思考后确定重点段落，并尝试运用人物的语言、动作、神态等描写方法写一写。

老师或同学的建议：_____
_____
_____
_____

任务三：装点生活

积累习作方法，完成习作，互评互改，努力把重点内容写具体、生动（2课时）。

从《爸爸的计划》和《小站》两篇不同体裁的习作例文中，学习写人、写事、写景的习作方法，努力把稿件的重点内容写得具体生动。

活动1

选取任务二中的活动3或活动5的习作练习，运用习得的写人、写事、写景的方法修改、完善片段，使段落内容具体生动。

还记得我们学过的修改符号吗？（见下图）

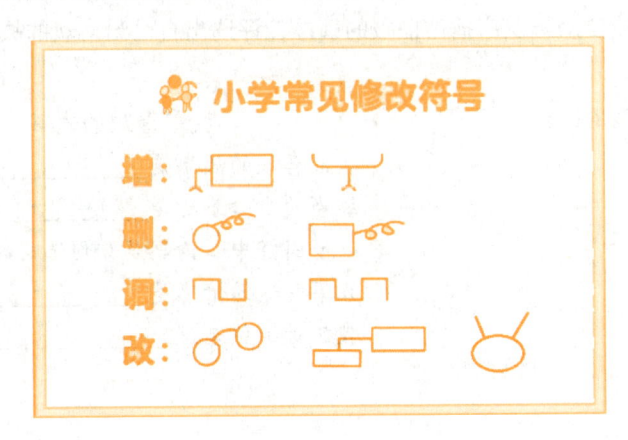

活动2

学以致用，选取任务二中活动2或活动4的习作提纲，结合重点段落的练习，完成征稿习作。

"聪明的秘诀在于勤奋好学，博学的秘诀在于博览群书，巧学的秘诀在于举一反三，成功的秘诀在于推陈出新。"你努力做到了吗？

活动 3

运用修改符号修改自己的习作后，再与学习小组内的小伙伴一起合作，互相修改、完善。

> 我从小伙伴的习作中学会了_____。
> 我努力的方向_____。

任务四：分享生活

通过学校公众号及广播分享优秀的习作作品，展示学生丰富多彩的生活，传递美好情感，享受习作的快乐（1课时）。

活动 1

小组内诵读自己的作品，互相欣赏，推选优秀作品向学校公众号及广播站投稿。

活动 2

记录学校公众号及广播站播报的稿件，评选出自己最喜欢的故事。

我的记录	我最喜欢的故事
	我最喜欢的故事是_____ 故事的中心意思是_____ 故事围绕中心意思是如何选材的_____ 故事表达的情感是_____ 我想对小作者说_____

三、如何评价这个作业

1. 评选"我"最喜欢的作品。

学校公众号及广播站连续播报了"晒晒我的多彩生活"的优秀作品，有喜有忧,有笑有泪,有成功有失败……哪一个故事能围绕一个中心意思从几个不同方面或用不同事例讲生动、具体了呢?请为你最喜欢的作品投票吧!

我最喜欢的故事		
评价内容	摘　星	总　计
故事从不同方面或选取不同事例,围绕一个中心意思讲述。	☆☆☆	
故事讲述得生动具体。	☆☆☆	
故事表达了美好而真实的情感。	☆☆☆	

2. 大家一起"晒晒我的多彩生活"。

把自己最喜欢的故事讲给身边的人,让更多的人感受美好的生活。

北京实验学校　孟强　蒋建环

第三节

抒写真情实感
——六年级下册习作单元整体作业创意设计

第一部分 作业呈现

一、单元内容简介

统编版小学语文六年级下册第三单元是习作单元，它以"让真情在笔尖流露"为主题，由"精读课文""交流平台""初试身手""习作例文""习作"五大板块构成。本单元语文要素是"体会文章是怎样表达情感的"，引导学生学习表达真情实感的方法，习作要求是"选择合适的内容写出真情实感"，引导学生用真诚的态度，真实地表达，不说假话、空话、套话，在实践中落实习作的基本要求，进一步体会怎样真实、自然地表达自己的情感。本单元提供的《匆匆》《那个星期天》两篇精读课文，以及《别了，语文课》《阳光的两种用法》两篇习作例文，都饱含真情，并在情感表达上各有侧重，值得读者细细品味。

关于习作单元的教学，统编教材执行主编陈先云先生曾建议："学生在学习习作单元之初，教师要让学生明白，本单元的学习主要是写一篇习作，单元中各项内容都是围绕此次习作编排的，各项内容之间环环相扣，体现了语文学习的整体性和综合性。"因此，本单元在整体作业设计上需要充分理解教材、建立课与课之间的关联，形成任务连贯的单元整体作业设计。在进行作业设计时，建议以学生的生活为基础，创设真实的学习情境，激发真实的情感体验，并根据学生的学段特征设计恰当的学习任务，促进学生在语文实践活动中提升核心素养。

二、单元整体作业设计

（一）作业目标

1. 自主搜集资料，初步确定表达情感的内容，并结合生活情境练习直接表达情感。
2. 通过对比阅读，学习并运用抒发情感的不同方法。
3. 进一步整理写作素材，选择合适的内容表达自己的情感。
4. 学会欣赏评价同伴作品，通过相互学习借鉴，做到恰当表达情感。

（二）作业内容

1. 整体的学习情境。

同学们，生活是丰富多彩的，不同的人生经历会带给我们独特的情感体验，你是否留心观察过生活，用心感受过生活呢？你能够把这些感受真实地表达出来吗？下个月学校广播站将以"抒写真情"为主题开展一次评选活动，每位同学都可以作为小编辑积极投稿，回忆亲身经历的故事，抒发自己的真情实感。广播站将评选出优秀稿件，利用广播时间分享给全校师生。还等什么，赶快行动起来吧！

2. 具体的学习任务。

作业主题	学习情境	学习任务	课时安排
体会生活百味，抒写真情实感	请同学们作为小编辑，以"抒写真情"为主题向学校广播站投稿，参加优秀稿件评选活动。	任务一：搜集照片，学习直抒情感	1课时
		任务二：比较阅读，感悟多样表达	2课时
		任务三：初试身手，练笔抒发情感	1课时
		任务四：例文引路，丰富表达方式	2～3课时
		任务五：讲评分享，评选优秀作品	1课时

3. 可见的学习成果。

根据本单元学习任务，学生通过自主搜集照片，制作完成"照片分享卡"；学习仿写《匆匆》，练习直接表达情感；梳理《匆匆》和《那个星期天》表达方式上的异同，习得多样表达；依据"初试身手"，选择不同情境进行练笔实践；梳理总结名家作品中的表达特色，完成习作初稿；通过评选"班级最佳稿件"，再次完善自己的习作。

（三）作业标准

序号	作业标准	评价量规 优秀	评价量规 良好	评价量规 合格
1	能准确搜集整理信息，选取恰当材料。	能围绕主题多角度搜集整理信息，能选取与主题密切相关的材料。	能围绕主题从至少两个方面搜集整理信息，能选取与主题有关联的材料。	能围绕主题搜集整理信息，角度不够丰富；能选取材料，但与主题的相关度不够高。
2	能梳理表达情感的不同方法，并尝试运用。	能采用对比等方式完整地梳理表达情感的不同方法，并能合理地运用。	能采用对比等方式比较完整地梳理表达情感的不同方法，并能比较合理地运用。	能采用对比的方式梳理一些表达情感的不同方法，并能学习运用。
3	能合理安排结构，重点部分描写具体。	能根据表达的需要合理安排文章结构，做到详略得当，重点部分描写具体。	能根据表达的需要比较合理地安排文章结构，重点部分描写比较具体。	能根据表达的需要对文章结构有所安排，有对重点部分的描写。
4	能运用多种方式真实自然地表达情感。	能根据表达需要，灵活运用多种情感表达的方法，真实、自然地表达情感，让读者产生共鸣。	能根据表达需要，运用恰当的方法表达情感，真实地表达出情感。	能根据表达需要，运用方法表达情感，但较为单一、不够自然。

第二部分 作业说明

一、为什么设计这个作业

第一，从课程标准的要求看。《课标2022》倡导"构建素养为本的语文学习任务群，注重课程的阶段性与发展性"，强调要"综合考虑教材内容和学生情况，设计不同类型的学习任务，依托学习任务整合学习情境、学习内容、学习方法和学习资源，安排连贯的语文实践活动"。由此可见，教师应当大处着眼、高处站位，以学习任务群的方式整体规划单元内容，统筹设计单元作业，这样才能使学生"在完成任务、解决问题的过程中积累语文学习经验，发展未来学习和生活所需要的基本素养"。

第二，从教材的编排结构看。习作单元是统编版小学语文教材的一种创新编排，是以培养学生习作能力为核心的专题性单元。从三年级上册开始每一册书都安排了一个习作单元，并且每册习作单元都紧密联系。根据学生的年龄特点，教学紧扣习作能力的培养，呈现循序渐进的习作学习过程，教师需要建立起习作单元的纵向联系，才能够准确把握年段特点。从下表中可以看到，培养六年级学生的习作能力，应该在确立中心思想，以及运用恰当方法表达真情实感上下功夫。

教材单元	习作能力
三年级上册第五单元	留心观察
三年级下册第五单元	大胆想象
四年级上册第五单元	写清楚一件事
四年级下册第五单元	按顺序写景物
五年级上册第五单元	说明一种事物
五年级下册第五单元	尝试把人物的特点写具体

续 表

教材单元	习作能力
六年级上册第五单元	围绕中心意思写
六年级下册第三单元	写出真情实感

第三，从第三学段的学情看。六年级学生已经初步了解了不同文体的写作特点，掌握了一定的写作方法，能够根据习作要求把内容具体、清楚地表达出来。但是经过调研发现，六年级学生在习作方面仍存在着一定的问题。学生虽然对习作很感兴趣，乐于学习、感受文质兼美的文章，但是自己写作时会有畏难情绪，不知道选择什么内容进行写作。而且，学生在习作中表达情感时形式单一，多以直接抒发情感为主，需要在情感表达的真实性、丰富性上进行深入指导。

基于以上分析，本单元采用学习任务群的方式，从单元整体入手，将单元内容进行了系统规划，避免以往教学中存在的教学内容与习作指导缺少联系，甚至"各行其道"的现象。"语文学习情境源于生活中语言文字运用的真实需求，服务于解决现实生活的真实问题。"因此，本单元的作业设计与课堂教学紧密相连，以向学校广播站投稿，评选"抒写真情"的优秀稿件为学习情境，唤起了学生主动学习的热情，有效引导学生在日常的生活场景中学习运用语言文字。然后，又以此项语文学习任务为主线，设计了五个分任务，每项任务环环相扣、层层递进，引导学生逐步完成选择素材、整理素材、学习表达、练习评改等作业，最终使学生学会用多种方式表达真情实感，真正实现了"让真情在笔尖流露"的习作目标。

二、怎样完成这个作业

任务一： 搜集照片，学习直抒情感（1课时）

活动1

照片记录了生活点滴，照片呈现了大千世界，有的令人喜悦、感动，有的令人痛苦、惭愧，有的令人思索、回味……在生活中是否有这样一张照片，承载了你的记忆，记录了你的喜怒哀乐？请搜集自己的照片，选出一张最值得怀念的，并制作成"照片分享卡"，表达出你当时的感受。当然，除了照片，或许还有一件物品、一处景物等记录着你的真情所在，你也可以按照下面的思路完成本次作业。

```
┌─────────────────────────────────┐
│                    ┌─────────┐  │
│                    │照片粘贴处│  │
│                    └─────────┘  │
│   故事名称：_____ │
│   故事主人公：_____ │
│   分享理由：_____ │
└─────────────────────────────────┘
```

1. 自主搜集照片，选择一张印象深刻、感情真挚的照片。
2. 回忆照片中的故事，激活情感体验，并写清自己分享的理由。
3. 全班推选最感兴趣的"照片分享卡"，进行班级交流。
4. 可以从所看、所说、所听、所想等多个角度来体会真情实感。

活动 2

时间的流逝本是司空见惯的现象，但是它却让人们有了许多感悟，除了朱自清在《匆匆》中的感悟，你还知道哪些关于时间的名言呢？你对时间的流逝是否也有什么感触呢？请仿照课文第三自然段，用一段话写下你的感触吧。

我们对时间的感悟	
我知道关于时间的名言	1. 2. 3. ……
我对时间的感悟	

任务二：比较阅读，感悟多样表达（2课时）

活动1

　　同学们，我们所经历的故事都蕴含着丰富的情感，在同一故事中也会经历各种情感体验。在《那个星期天》中，主人公在一天里心情就经历了许多变化，你能帮他理清当天的心情变化吗？（可以用曲线图或折线图来呈现。）

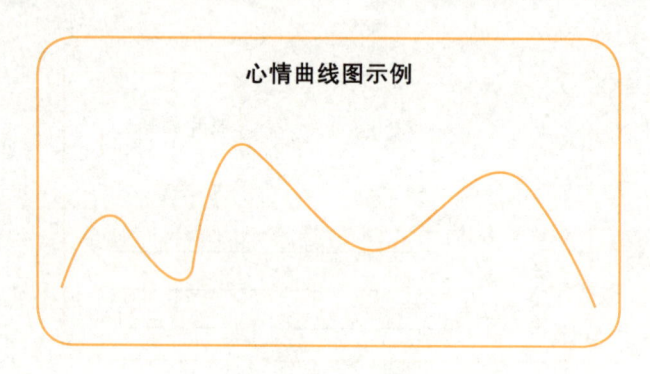

心情曲线图示例

1 自主阅读，画出文中"我"一天中经历的时间及心情。

2. 根据课文内容完成心情曲线图或折线图。

3. 同伴交流，说一说自己这样画的理由。

活动2

　　同学们搜集的照片也同样记录了自己喜怒哀乐的瞬间，怎样才能把这种情感表达出来呢？《匆匆》和《那个星期天》两篇课文一定会给你很多启示。请比较两篇课文，思考在表达方式上有哪些相同或不同之处。

课文题目 情感表达	《匆匆》	《那个星期天》
相同之处		
不同之处		

1. 自主探究，结合两篇课文的具体内容表达自己的发现。

2. 阅读"交流平台"，反观自己的发现，体会情感表达的不同方法。

3. 思考：如果要把照片中的故事写出来，可以借鉴哪种表达方式来抒发自己的情感呢？

任务三： 初试身手，练笔抒发情感（1课时）

"情以物迁，辞以情发。"如果人的心境不同，即使看到相同的景物内心也会产生截然不同的感受的。请选择书中第49页的情境，就心情"好"与"不好"这两种状态，分别写几句话。然后将自己最得意的作品贴在班级墙报上，大家相互学习。

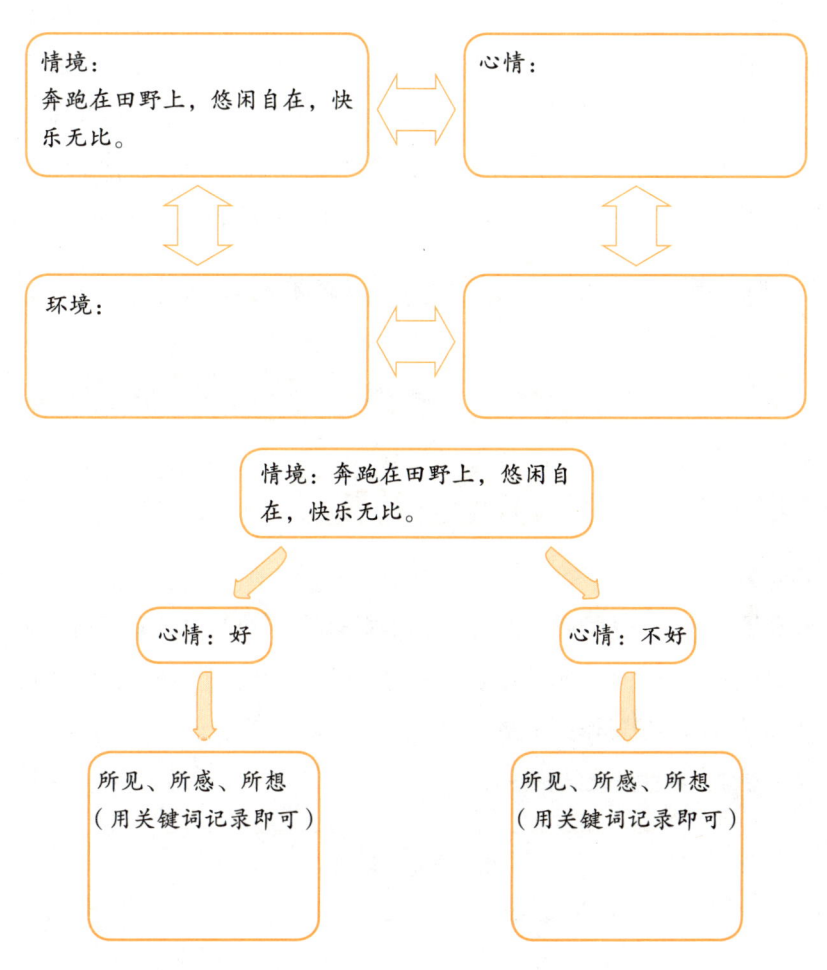

情境：
奔跑在田野上，悠闲自在，快乐无比。
⇄
心情：

⇵　　⇵

环境：
⇄

情境：奔跑在田野上，悠闲自在，快乐无比。

　　↙　　　　↘
心情：好　　　心情：不好
　↓　　　　　　↓
所见、所感、所想（用关键词记录即可）　　　所见、所感、所想（用关键词记录即可）

1. 选择自己熟悉的情境，依照图表中的内容提示梳理写作内容。

2. 小组内交流自己所选择的情境，以及自己在不同的状态下发生的事情或内心的想法，尤其关注是否真实、自然地表达了情感，引发了你的共鸣。

3. 小组内推选出一人进行全班交流互动。注重从"看""听""闻"等角度思考，拓宽视野、丰富内容。

4. 自主选择一个情境进行片段描写，表达自己的真情实感。然后把自己最得意的作品贴在班级墙报上，供大家相互学习交流。

任务四： 例文引路，丰富表达方式（2～3课时）

活动1

同学们，在本单元的学习中我们品读了多篇名家之作，有朱自清的《匆匆》，有史铁生的《那个星期天》，今天又学习了何紫的《别了，语文课》和肖复兴的《阳光的两种用法》。真情在他们的笔下自然流露，然而他们所采用的写法却各有不同，请你写一写在不同课文中你学到了哪些表达真情实感的方法？

名家之作	表达真情实感的方法
《匆匆》	侧重直接抒发情感
《那个星期天》	侧重融情于人、事、景、物中
《别了，语文课》	
《阳光的两种用法》	

活动2

收获了这么多表达情感的方法，相信同学们一定能以"抒写真情"为主题写出一篇优秀的作文了。请你结合搜集到的照片回忆整个事件及当时的心情，然后借助学习单理清习作的思路。

学习单1：事件发展结构图。

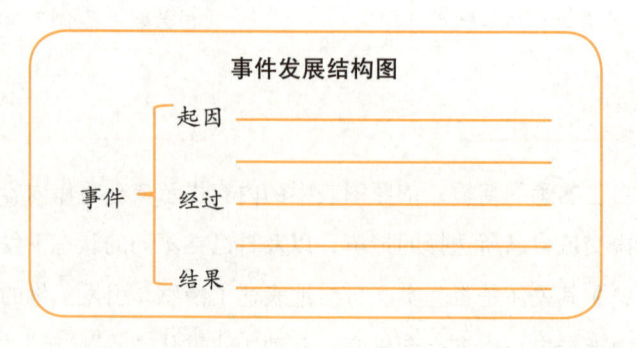

事件发展结构图

事件 ─┬─ 起因 _____
　　　├─ 经过 _____
　　　└─ 结果 _____

学习单2：情感变化曲线图。

如果在事件发展中，情感有所变化，请把情感变化的过程梳理清楚。

情感变化曲线图

活动3

完成本次习作，写出真情实感。

活动要求：

1. 依照学习单中填写的内容进行习作。

2. 尝试运用不同方法，把情感真实自然地表达出来。

3. 作文完成后，请把内容读给家人听一听，根据他们的建议进行修改。

任务五：讲评分享，评选优秀作品（1课时）

祝贺同学们已经初步完成了本次习作，相信大家已经跃跃欲试地准备向广播站投稿了。但是先别急，我们可以在班级内部先进行票选，选出"班级最佳稿件"。接着想一想这些文章究竟好在哪里呢？在分享交流中再次修改和完善习作，最后再将修改好的文章投给广播站，争取让自己的稿件大放异彩！

活动1

请同学们依照习作评价单中的评价标准，投票选出"班级最佳稿件"。

习作评价单		
评价内容	评价标准	评价等级
选　　材	能够围绕主题选择恰当的材料。	☆☆☆
结　　构	结构安排合理，思路清晰，能够将重点部分描写具体。	☆☆☆

续 表

评价内容	评价标准	评价等级
表 达	能运用多种方式真实自然地表达情感,根据实际情况把情感变化体现清晰。	☆☆☆

活动 2

请你默读"班级最佳稿件",将你欣赏的语句用曲线画下来,也可以提出自己的修改建议,最后进一步完善自己的稿件。

1. 班级交流,分享自己欣赏的语句,并说明理由。
2. 相互交流,还有哪些地方可以修改,能够更好地表达真情实感。
3. 再次阅读自己的文章,依照评价标准进行修改。

三、如何评价这个作业

依照本单元习作要求,以学习任务群的方式进行了单元整体作业设计,每个分任务间层层递进,最终使学生能够"让真情在笔尖流露"。在作业评价上,可以紧紧围绕各阶段任务,在清晰评价要素的基础上开展多元评价,体现作业评价的规范性、及时性,以及作业指导与反馈的针对性、实效性。

阶段任务	作业内容	评价要素	评价方式	评价星级
任务一	自主搜集照片,制作"照片分享卡"等;学习仿写,练习直接表达情感。	1. 能围绕主题准确搜集整理信息; 2. 能仿照课文写一段话,直接、恰当地表达自己的情感。	学生自评、同学点评、教师评价	☆☆☆
任务二	梳理《匆匆》和《那个星期天》表达方式上的异同,习得多样表达。	1. 能借助图表理清《那个星期天》的情感变化; 2. 能通过对比,学习表达情感的不同方法,并明确每一种方法的表达效果。	合作交流、生生互评、教师点评	☆☆☆

续　表

阶段任务	作业内容	评价要素	评价方式	评价星级
任务三	依据"初试身手",选择不同情境进行练笔实践,学以致用。	1.选择不同情境进行练笔,调动多种感官丰富写作内容; 2.选择自己熟悉的情境,尝试表达出真情实感。	家长评价、同伴评价、教师评价	☆☆☆
任务四	总结名家作品的表达,借助图示理清自己习作的思路。	1.能准确梳理多位作家表达真情实感的方法; 2.能根据表达的需要安排文章结构; 3.能运用不同方法表达真情实感。	合作交流、生生互评、自主评价、教师评价	☆☆☆
任务五	评选出"班级最佳稿件",修改完善自己的作品。	1.能围绕主题恰当选材; 2.能合理安排结构,将重点部分描写具体; 3.能够运用多种方法,真实、自然地表达情感。	自主评价、同学点评、教师点评	☆☆☆

首都师范大学附属朝阳实验小学　孔磊

第四节

制作成长纪念册

——六年级下册综合性学习单元整体作业创意设计

第一部分 作业呈现

一、单元内容简介

本单元以"难忘小学生活"为主题，聚焦学生即将毕业这一真实情境，语文要素为"运用学过的方法整理资料"及"策划简单的校园活动，学写策划书"，安排了"回忆往事"和"依依惜别"两个活动板块，包含"填写时间轴""分享难忘回忆"等五个具体任务及《老师领进门》《我为少男少女们歌唱》等六篇阅读材料。单元任务和资源形成整体，共同为学生提供了自主、合作、探究的开放式学习平台。

这是小学最后一个单元，情境、任务、内容、形式均与学生生活紧密相连，凸显了综合实践单元的特点，是能力综合展现与情感真实表达的载体。学生在"回忆往事"中运用学过的方法整理资料、唤起回忆、梳理过往、激发情感；也在策划和参与活动及撰写策划书中体悟深情，进而更加珍惜往事、深化认识、展望与憧憬未来。围绕"难忘小学生活"这一主题，几个具体任务互相关联，层层深入，展现了核心素养形成的真实过程。

二、单元整体作业设计

（一）作业目标

1. 能根据制作"我的成长印记纪念册"这一任务和规划，通过绘制时间轴、写信等不同形式的作业，激发参与活动、表达情感的欲望，在完成具体任务时，感悟童年的珍贵，产生感恩、惜别等情感。

2. 能进一步巩固运用之前习得的整理资料、学写策划书等方法或相关经验，依据评价标准，围绕核心任务，顺利完成分类整理资料、准备联欢会节目、写信等相关作业。

3. 能在完成贯穿学习全过程的作业中，总结梳理学习所得，反思调整学习的不足，形成问题解决的基本思路，积累解决问题的经验，丰富情感体验，提升核心素养。

（二）作业内容

同学们，随着夏日的脚步临近，我们也到了要毕业的日子。经历了六年的小学时光，你已经从一个懵懂孩童成长为优秀的少先队员，并且马上要成为一名初中生了，真为你高兴！

这么多的日日夜夜里，一定有许多人、事、景、物、情存留在你的心中，难以忘怀。让我们用记忆的宝盒将它们珍藏起来——制作一本"我的成长印记纪念册"！在以后的岁月里慢慢品味，渐渐回忆，你会发现，这是一笔多么宝贵的精神财富！

为了完成这个任务，我们将围绕"回眸往事，珍藏情谊"这个单元主题，通过四个学习任务逐步完成纪念册的四个部分，进而汇聚到一起，制作成"我的成长印记纪念册"，为小学生活留下美好印记。

首先，我们要整体浏览单元内容，根据纪念册的要求，运用以前学过的方法自由结成小组，完成整体规划，讨论并形成作业标准，撰写"规划篇"。接着回顾小学生活中值得纪念的点点滴滴，结合阅读材料丰富视角，搜集整理资料，初步完成"回望篇"。在这个过程中，结合为同学写毕业感言，为老师、父母或者自己写一封信，或者诗歌创作等形式，完成一份真情告别书，即"真情篇"。之后以小组合作、班级交流等形式策划联欢会，表达情感，即"展示篇"。最后总结梳理实践过程，展望未来，交流和完善纪念册，记录自己的成长历程。

（三）作业标准

同学们，在完成纪念册的过程中，我们需要撰写策划书，通过多种方式表达情感，积极参与活动。怎样才是一份好的作业呢，读读下面大家一起制定的标准，你一定就有了明确的方向。

表格的第一列是作业名称；第二列是这项作业应该完成到什么程度；第三列则是对照着作业的标准看看自己处在哪个等级；最后一列则是需要评价的人员。

分类	描述	等级（画√）			评价方式（画√）		
		出色	良好	完成	自评	同学评	老师评
纪念册制作	1. 能根据各版块要求完成个人纪念册的制作，主题突出，版块完整，内容合理，分类清晰，设计美观，富有创意。						
	2. 能根据各版块要求完成个人纪念册的制作，符合主题，版块完整，内容丰富，分类清晰。						
	3. 能根据各版块要求完成个人纪念册的制作，符合主题，版块完整，能够分类，干净整洁。						

续 表

分 类	描 述	等级（画✓）			评价方式（画✓）		
		出色	良好	完成	自评	同学评	老师评
策划书撰写	1.策划书要素清晰，内容具体，安排合理，具有可操作性和提示性。						
	2.策划书要素齐全，内容完整，具有可操作性和提示性。						
	3.策划书要素齐全，内容完整。						
真情表达	1.能在纪念册交流、"我想对你说"、联欢会表演等活动中，选择写信、毕业感言、诗歌等形式对老师、同学表达情感，真实自然。						
	2.能在纪念册交流、"我想对你说"等活动中，选择写信、毕业感言等形式对老师、同学表达情感。						
	3.能在纪念册交流、"我想对你说"等活动中，选择写信的形式对老师、同学直接表达情感。						
活动参与	1.能结合课上所学，迁移应用到作业中；能积极主动地参与小组讨论，搜集材料，主动完善单元作业。						
	2.能结合课上所学，顺利完成作业；能主动参与小组讨论，搜集材料，不断完善单元作业。						

续表

分类	描述	等级（画√）			评价方式（画√）		
		出色	良好	完成	自评	同学评	老师评
活动参与	3.能结合课上所学完成作业；能参与小组讨论，搜集少部分材料，能完善单元作业。						
收获反思	（自己的收获、反思或疑问）						

怎么样，大家一起制定的标准你一定已经理解并内化了，那就在活动中不断借助这个标准，朝着目标前进吧！

第二部分 作业说明

一、为什么设计这个作业

（一）设计理念

语文综合性学习是指在教师引导下，学生自主进行的以语文学科为主并综合其他学科内容的学习实践活动，"以加强语文课程与其他课程以及与生活的联系，促进学生语文素养的整体推进和协调发展"。

在实践活动中，一方面，要以语文学科为核心进行设计，体现"语文课程是一门学习国家通用语言文字运用的综合性、实践性课程"；另一方面，也要立足全人教育，着眼学生整体发展，向学生提供更广阔的语文学习环境，打通学科界限，围绕"人与自我""人与社会""人与自然"等内容展开，为学生素养的发展提供更大的空间与机会，体现综合性、自主性、探究性和开放性。

这一点也和《课标2022》所提倡的"学习任务群"相吻合，即"遵循学生身心发展规律和核心素养形成的内在逻辑，以生活为基础，以语文实践活动为主线，以学习主题为引领，以学习任务为载体，整合学习内容、情境、方法和资源等要素，设计语文学习任务群"。

（二）教材特点

本单元作为综合性学习单元，也是小学阶段最后一个单元，内容上指向学生难忘的小学生活，通过对往事的梳理唤起记忆、激发情感，借助联欢会再现情境，利用写信或赠言表达真情，单元内形成整体，是多种情感的交织与融通；从能力上看，用学过的方法整理资料，策划简单的校园活动，学写策划书，用书信表达真情，都是对原有学习方法、学习能力的再梳理、再运用和再提升，在综合运用的基础上连接第四学段的学习，打通学习链条；从时空上看，教室内外、学校家庭、社会大课堂等都为学生的情感积淀与表达提供了广阔的视域，让学生能够有更多选择和表达的空间；从学科上看，做好纪念册，鼓励学生打破学科界限，语言文字、照片排布、图画装饰、整体构图等都为不同认知特点的学生提供了展示自我的舞台。整体单元指向了学生未来生活、学习所需的基本素养，体现了在实践中育人、发展中育人的基本理念。

纵观学生整体的学习历程，可以表示为：回望六年时光，梳理"时光碎片"，有序整理资料；回望学习历程，总结实践反思，形成学习成果；回望金色童年，融入真挚情感，留贮多彩记忆。

（三）学情分析

其一，已有经验。

处在小学最后阶段，六年级学生在情感上自然生发依依惜别之意，对小学阶段的人、事、景、物产生不舍之情，对未来初中生活充满憧憬与好奇。这为本单元的学习奠定了情感基础。

与三下"中华传统节日"，四下"轻叩诗歌大门"，五下"遨游汉字王国"几个综合性单元的学习不同，本单元是从学生现实需要生发而来，整个过程体现了"综合性学习"逐步开发、紧密联系生活的特点。

对于搜集和整理资料，即将毕业的六年级学生已经积累了一些方法和经验。如三年级下册是收集资料，四年级下册是"根据需要收集资料，初步学习整理资料的方法"，五年级下册是"学习搜集资料的基本方法"。从"收集"到"搜集"，从"学习整理资料"到"运用学过的方法整理资料"，体现了学生获取和处理信息的方式逐步多样化，零散经验不断序列化、系统化，是在原有资料处理基础上的进一步发展、进阶。这都为本单元综合性学习中信息处理的进一步发展奠定了坚实的基础。

其二，学习难点。

学生对于怎样选取素材制作成长纪念册缺乏方法，对于如何能在制作成长纪念册中更有序、更好地整理、筛选材料缺乏深入的思考，对于策划活动缺少丰富的经验。

二、怎样完成这个作业

（一）整体建议

第一，以任务群的方式推进。

本单元作业设计围绕制作"我的成长印记纪念册"这一有意义的核心任务，分解成四个子任务，课上学习与课下复习融通，教学指导与作业相连，学习的过程就是任务完成的过程，成果实现的过程也是作业完成的过程。

回眸往事，珍藏情谊

单元作业：制作"我的成长印记纪念册"

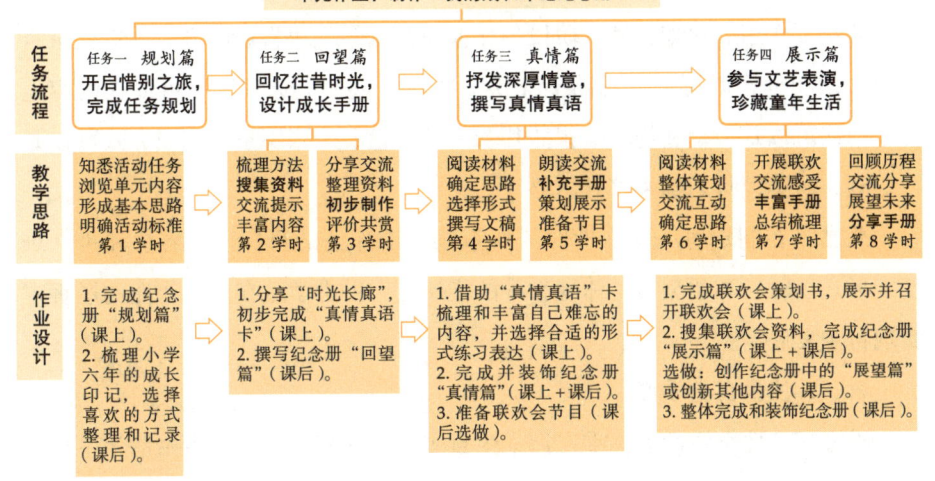

任务流程：

- 任务一 规划篇：开启惜别之旅，完成任务规划
- 任务二 回望篇：回忆往昔时光，设计成长手册
- 任务三 真情篇：抒发深厚情意，撰写真情真语
- 任务四 展示篇：参与文艺表演，珍藏童年生活

教学思路：

- 第1学时：知悉活动任务，浏览单元内容，形成基本思路，明确活动标准
- 第2学时：梳理方法，**搜集资料**，交流提示，丰富内容
- 第3学时：分享交流，整理资料，**初步制作**，评价共赏
- 第4学时：阅读材料，确定思路，选择形式，撰写文稿
- 第5学时：朗读交流，补充手册，策划展示，准备节目
- 第6学时：阅读材料，整体策划，交流互动，确定思路
- 第7学时：开展联欢，交流感受，**丰富手册**，总结梳理
- 第8学时：回顾历程，交流分享，展望未来，**分享手册**

作业设计：

1. 完成纪念册"规划篇"（课上）。
2. 梳理小学六年的成长印记，选择喜欢的方式整理和记录（课后）。

---

1. 分享"时光长廊"，初步完成"真情真语卡"（课上）。
2. 撰写纪念册"回望篇"（课后）。

---

1. 借助"真情真语"卡梳理和丰富自己难忘的内容，并选择合适的形式练习表达（课上）。
2. 完成并装饰纪念册"真情篇"（课上+课后）。
3. 准备联欢会节目（课后做）。

---

1. 完成联欢会策划书，展示并召开联欢会（课上）。
2. 搜集联欢会资料，完成纪念册"展示篇"（课上+课后）。选做：创作纪念册中的"展望篇"或创新其他内容（课后）。
3. 整体完成和装饰纪念册（课后）。

在完成作业时，要坚持"整体架构—分步完成—评价跟进—形成成果"的基本流程。首先，要让学生明确单元任务和教材整体架构及内容，依据导图厘清主题、任务、教学和作业的关系，形成单元学习路径和结构化认知。其次，在学生总体把握的基础上，鼓励他们根据自己制订的规划按步骤完成，将课前、课中和课后相连，系统完成课时和单元作业。再次，依据清晰的评价标准跟进整个学习过程，及时调整学习节奏，以评价提升学生在实践活动中的自主性和主动性。最后，在任务规划和标准的指引下，形成具有独特性、记录自己成长历程的学习成果，并尝试自己创造新的版块内容丰富纪念册。以大任务驱动，串联起整个单元的作业实施。

整体思路与《课标2022》中所提出的任务群思路一致，整体学习过程围绕大任务，分解成相互关联的系列学习任务。这些任务形成一个清晰的解决问题的路径，学生在这样的语文实践活动中，通过回顾、整理、表达、策划等，获取、整合有价值的信息，依托学习情境、学习内容、学习方法和学习资源，有效传递信息，自然抒发情感，实现沟通交流，完成手册制作，发展核心素养，具有情境性、实践性和综合性。

第二，适时适度引导。

本单元是综合性实践单元，内容上贴近学生，能力上具有基础性，教师要充分放手让学生完成各项作业，展示自己的学习成果。同时，教师要发挥适时引导的重要作用。比如，第一阶段的作业是鼓励学生用喜欢的方式搜集记录自己成长的历程，就可以在思路上提供一些图表供他们选用，也可以在内容上提示他们可以是一个礼物、一张照片、一处景色、一张字条，完成方式可以是贴、画、写等，帮助学生打开思路。

　　总之，在制定每一项作业时，要系统考虑作业的目标、内容、评价、难度、形式、时长和类型等，体现教师的指导性，助力学生在完成作业的过程中实现自主发展。

　　第三，注重自主学习。

　　语文综合性学习活动，重在让学生自主实践探究。从单元伊始请学生自由结成小组到制订任务完成计划，从分享和整理资料到准备联欢会节目，从撰写策划书到分享纪念册，都要注重发展学生的自主性，鼓励他们在合作探究中共同学习、相互启发。

　　第四，兼顾不同需求。

　　学生在制作纪念册的过程中，因为经历、基础、经验、认知特点等各具特性，因此纪念册提倡个性化设计与表达，单元作业也提供了必做和选做，供学生进行选择，教师不应强求。同时，几次学习活动和作业设计都为学生提供了不同的角度和空间。比如，纪念册可以根据自己的喜好分类编排；再如，抒情文稿可以是便签、赠言、信、诗歌、书签等；在联欢会上，充分依据自己的兴趣来参与节目，各展所长。教师也应尊重学生的选择和展示，给予充分肯定，发挥评价的激励性功能。

（二）具体实施

任务一：心之绽放——开启惜别之旅，完成任务规划（1课时）

　　同学们，我们即将毕业离开小学校园，这里，有你难以忘怀的人、事、物、景；这里，记录着你的喜怒哀乐；这里，也珍藏着你的成长印记。这一单元，让我们从回忆和梳理往事开始，在活动中、在阅读中、在文字中抒发真情,制作属于我们自己的"成长纪念册"。

活动1（课上作业）

请你们先整体浏览本单元的情境、任务和资源,想一想,我们怎样才能把纪念册设计好,思路、标准又是什么？依据你们原有的学习经验,尝试在小组内用流程图梳理基本思路,完成纪念册中的"规划篇"。

活动2（课后作业）

请你回忆六年中让你难忘的点点滴滴,并用喜欢的形式梳理出来,形成自己的"时光长廊",并试着给自己的纪念册起个好听的名字。

温馨提示：

1. 令你难忘的可能是一张照片、一句话、一张纸条、一处景物,打开回忆的闸门,多角度回忆。当然,如果你愿意,还可以采访家长、朋友和老师,登录学校网站,翻阅班级日志等,多渠道获取信息,丰富你的资源库。

2. 在整理的过程中,可以根据自己的喜好,写、画、粘、唱、演等均可。

3. 为了使材料更有条理,建议你梳理事件时可以使用时间轴或尝试分类整理,如下图：

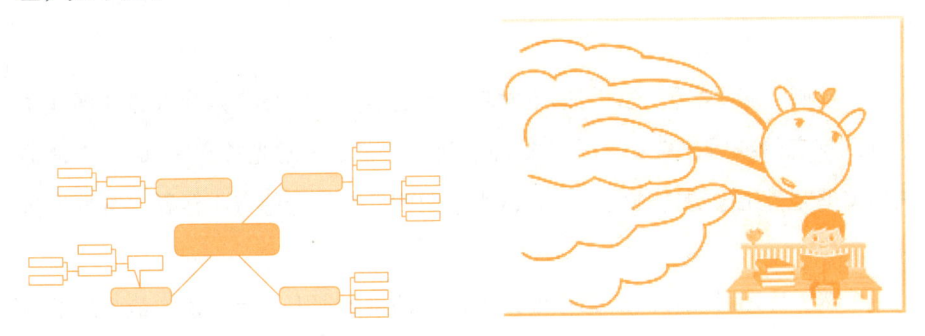

任务二：时光剪影——回忆往昔时光,设计成长手册（2课时）

课前,同学们都用喜欢的方式设计了自己的"时光长廊"。这节课,就让我们乘上回忆穿梭机,回到那些让我们难以忘怀的点点滴滴中。

活动1（课上作业）

请你结合自己的"时光长廊"，和同学们一起交流分享让你难忘的经历，完成"真情真语卡"。

温馨提示：

1. 可以借助时间轴、照片、视频、访谈记录等多种形式，利用"真情真语卡"和同学们交流你记录的事件及分类标准，让他们产生共情，自然走进你的"时光长廊"。

2. 如果同学们的事件不够丰富，可以共同读一读《老师领进门》和《作文上的红双圈》，看看是否可以拓宽你们回忆的角度和视野。

3. 讲完后可以和同学进行交流：集体事件，可以问一问他们对这件事是否有补充；个别事件，可以访问当事人是否有不同感受；独处事件，可以请他们对你的讲述提出建议或问题，让你的"真情真语卡"的内容更加真实具体。

真情真语卡

令我难忘的是：＿＿＿＿＿＿＿＿＿＿

难忘的原因是：＿＿＿＿＿＿＿＿＿＿

一个小细节是：＿＿＿＿＿＿＿＿＿＿

我想表达的是：＿＿＿＿＿＿＿＿＿＿

活动2（课后作业）

同学们，课上我们一起阅读了材料，也通过访谈、欣赏照片等方式回顾了令自己难忘的经历，初步完成了资料整理，完善了"时光长廊"。课下，请你继续整理完善纪念册中的资料，尝试为它们配上文字介绍或小标题，策划或撰写纪念册中的"回望篇"。

当然，你还可以按照难忘程度，给回忆的内容打上星星，比如最难忘的可以标上三颗星，提示自己在下一阶段表达真情或联欢会上有重点地分享。

任务三：青藤浅语——抒发深厚情意，撰写真情真语（2课时）

在之前的交流中，很多同学都投入了真挚的情感，想把它们记录下来，成为永恒的回忆。

活动 1（课上作业）

请你借助"真情真语卡"，先试着说一说令自己难忘的内容，请小组内的同学帮助你完善。

温馨提示：

1.可以在"真情真语卡"的后面以关键词的形式记录自己想说的重点或同学的建议，如在"难忘的原因"后面写"因为、伤心、你能行……""所以、阳光、温暖、力量……"；还可以在"一个小细节"后面写"语言、动作、神态……"。

2.再和同学读一读单元中的"阅读材料"，选择一种自己喜欢的方式（诗歌、书信、记叙文等），表达自己的真情真语。

3.试着完成纪念册的"真情篇"。

活动 2（课后作业）

必做：课上，我们在回首和畅想中对自己、同学、老师、父母或学校、生活、未来，用自己喜欢的形式抒发了情感，初步完成了纪念册的"真情篇"。

课下，请你们继续完善这部分内容，并根据所倾诉的对象，试着通过贴、画、写等方式丰富这部分内容，让更多无声的语言帮助你表达情感。

选做：还可以和同学一起把自己难以忘怀的经历编成节目，准备在联欢会上进行展示。

任务四：风采展示——参与文艺表演，珍藏童年生活（3课时）

同学们在纪念册中用文字表达了真情，其实，还可以通过不同的形式让我们的情感得以外显——通过毕业联欢会表演节目，让更多人感受到我们的真情真意。

活动 1（课上作业）

请同学们根据自己的爱好、特长，结合纪念册中的事件、文稿、照片等，以小组为单位设计节目，可以是个人展示，也可以是小组共同完成。

各小组交流分享初步思路，全班一起完成联欢会策划书。

温馨提示：

1. 为了使讨论更聚焦，建议大家先讨论出节目的核心内容和基本形式，比如小品、朗诵、歌曲、舞蹈等。

2. 分工合作，共同完成课上商议后的活动策划书。

毕业联欢会活动策划书

活动名称："再见了，母校"毕业联欢会

活动目的：感恩母校，感谢师友，告别小学生活

活动时间：_____

活动地点：_____

活动分工、节目统筹：_____

会场布置：_____

道具、礼品准备：_____

主持与串词撰写：_____

秩序维护：_____

场地清洁：_____

活动报道：_____

活动 2（课上作业）

召开联欢会，并有意识地搜集整理联欢会上的照片、朗诵词、节目单等，自选形式记录感受，完成纪念册"展示篇"。

活动 3（课后作业）

选做：根据课上所学，用一周时间，与好朋友一起设计"再见，童年"同学相聚活动，如果有兴趣，你可以先制作一份策划书，再邀请好朋友们来参加。

必做：联欢会一定让你心潮澎湃，对过往依依不舍，对未来充满希望，请你课下依照自己的风格进一步完善、美化纪念册，为我们的童年留下一份珍贵的回忆。

温馨提示：

1. 看看最初起的名字是不是还喜欢，如果不满意，可以再修改，把最终满

意的名字写在纪念册的封面上。

2.可以在纪念册的扉页上写"卷首语"或"成长感言",可以自己写,也可以请老师或家长写。

3.如果有兴趣,你还可以对即将开启的初中生活立下美好的志向,利用这一单元所学尝试做新阶段的发展规划,在纪念册中增加"展望篇"或其他内容,并和好朋友分享你的想法。

具体设计可参考下面的样例,当然,在此基础上还可以有更棒的创意!期待你的精彩作品!

三、如何评价这个作业

本单元作业的评价建议是以任务评价单为核心，与教学紧密相连，分阶段、多形式、多主体进行持续评价，以评价促进教学全流程指导反馈。

单元伊始，要和学生共同形成评价内容。在布置任务时和学生共同商讨如何制作、怎样制作出来比较好，形成作业评价单（见前面的作业评价标准），使学生明晰方向和标准，促进学习目标的达成。

其次，学习和作业完成的过程要坚持持续性评价。学习的过程中以师生共同建立的评价单进行引领，引导学生根据标准，运用元认知，对自己的学习过程进行评价，使他们自觉意识到自己需要什么，并在学习过程中评估和调控自己的学习，以达到先前设定的目标，进而学会学习。如学生完成第一阶段的学习后，要对照着评价单看一看自己的纪念册制作、真情表达、活动参与做得如何，哪里是优势可以继续保持，哪里需要调整，及时改进，以便更好地进入第二阶段的学习。这种评价要持续进行，融教、学、评为一体，坚持以评价为引领，促进学生的自主学习与同伴交流，将教学与作业整合在一起，更好地促进学生的素养发展。

最后，整个评价过程要注意多主体参与。评价的过程就是学生成长的过程，既可以自己评价，也鼓励学生之间互相分享进行评价，家长、教师也可以参与评价，甚至如果学生要表达真情的人是校长、老师、保安叔叔等，也可以请他们参与评价，让评价更好地发挥育人功能。

北京市海淀区教师进修学校　柏春庆

后　记

　　这本书的完稿来自一群人的共同努力，就像单元整体教学的实施一样，需要一个学习共同体一起来做，这样会相互鼓舞，也能够从不同角度贡献智慧。这本书的编写者，有的是多年合作的，一同编写过《童蒙上学记——小学语文教科书整体学习实践手册》《童蒙奇遇记——小学语文整本书阅读实践手册》，有的是参与过北京市首期"双减"专题研讨班的老师，还有来自首都师范大学"特级教师工作室"的成员。有特级教师、北京市学科带头人、北京市骨干教师，大家对单元整体教学和作业设计都有一定的实践基础，也希望能够通过书稿的写作对这个问题有更清晰的认识。

　　在和老师们的交流研讨过程中，我发现大家对单元整体作业的设计理念是认同的，但在行动上却是迷茫的。如何把我们团队的研究与探索拿出来与大家共享，团队成员进行了多次的研讨。

　　先是编写框架的研讨，确定了作业呈现和作业说明两部分内容；再是编写细节的研磨，每个部分具体写什么，怎么写；最后是对问题的研究，这些内容的呈现是否符合一线教学的需求，哪些问题还需要细化解决。经过这样的研讨过程，呈现在读者面前的是基于实践的探索，希望能够最大程度地给予大家启发，而不是仅仅提供现成的案例。

　　感谢参与创作的各位老师把自己的实践智慧展现出来。感谢北京市顺义区李遂中心小学的李京老师对初稿的文字整理。感谢陈丽、张立娟、柏春庆三位老师在后期统稿阶段，分别负责低、中、高学段的审稿工作，从一线专家的角度对文稿的可行性进行了推敲。感谢荀文娟老师对稿件中的文字、图表进行校对。感谢华东师范大学出版社大夏书系的卢风保老师，为本书从创意到实现提供了很多建设性的指导意见。在此之前我们进行过《小学读整本书教学实施方略》《儿童阅读的力量》的合作，前两本书自 2020 年 4 月出版以来，已经多次印刷，得到读者朋友的认可。这本书的出版，希望也能够得到大家的关注和认可。感谢责任编辑韩贝多老师，她严谨细致的"编""审"工作让这本书增色很多！

因为能力所限，很多想法没能在这本书中完全实现，还希望能够得到读者朋友的批评指正。

2023 年 2 月 3 日

图书在版编目（CIP）数据

基于学习任务群的单元整体作业创意设计.小学语文/李怀源主编.
— 上海：华东师范大学出版社，2024
ISBN 978-7-5760-5059-2

I.①基… II.①李… III.①小学语文课—学生作业—教学设计 IV.① G623

中国国家版本馆 CIP 数据核字（2024）第 108546 号

大夏书系 | 语文之道

基于学习任务群的单元整体作业创意设计（小学语文）

主　　编　　李怀源
策划编辑　　卢风保
责任编辑　　韩贝多
责任校对　　杨　坤
封面设计　　淡晓库

出版发行　　华东师范大学出版社
社　　址　　上海市中山北路 3663 号　邮编 200062
网　　址　　www.ecnupress.com.cn
电　　话　　021-60821666　行政传真 021-62572105
客服电话　　021-62865537
邮购电话　　021-62869887
地　　址　　上海市中山北路 3663 号华东师范大学校内先锋路口
网　　店　　http://hdsdcbs.tmall.com/

印 刷 者　　北京密兴印刷有限公司
开　　本　　700×1000　16 开
印　　张　　18
字　　数　　274 千字
版　　次　　2024 年 7 月第一版
印　　次　　2024 年 7 月第一次
印　　数　　5 100
书　　号　　ISBN 978-7-5760-5059-2
定　　价　　72.00 元

出 版 人　　王　焰

（如发现本版图书有印订质量问题，请寄回本社市场部调换或电话 021-62865537 联系）